AF394974

CONSEIL D'ÉTAT.

SECTIONS RÉUNIES
DES TRAVAUX PUBLICS,
DE L'AGRICULTURE
ET DU COMMERCE
ET DE L'INTÉRIEUR.

N° 28,385.

M. LE PLAY,
Conseiller d'État,
Rapporteur.

QUESTION

DE

LA BOULANGERIE DU DÉPARTEMENT DE LA SEINE.

RAPPORT

AUX SECTIONS RÉUNIES DU COMMERCE ET DE L'INTÉRIEUR.

SOMMAIRE.

INTRODUCTION.

IV. DISCUSSION DES QUESTIONS SOUMISES AU CONSEIL D'ÉTAT.

CONCLUSION.

NOTE SUR LES RENVOIS.

Les lettres comprises entre parenthèses renvoient le lecteur aux *Notes et Documents* désignés par ces mêmes lettres et placés à la suite de ce rapport. Les numéros compris entre parenthèses sont ceux des notes marginales rappelées dans le sommaire ci-dessus; ils renvoient aux paragraphes correspondants du rapport.

QUESTION

DE

LA BOULANGERIE DU DÉPARTEMENT DE LA SEINE.

RAPPORT

AUX

SECTIONS RÉUNIES DU COMMERCE ET DE L'INTÉRIEUR.

INTRODUCTION.

S. E. M. le ministre de l'agriculture, du commerce et des travaux publics, par une lettre en date du 18 février 1857, soumet au conseil d'État, les questions suivantes :

1re Question. — Y a-t-il lieu de reviser les bases de la taxe, et de substituer le prix du blé à celui de la farine, comme régulateur du prix du pain?

2e Question. — Y a-t-il lieu d'introduire, dans la consommation de Paris, un pain réglementaire fabriqué avec de la farine blutée à 25 p. o/o d'extraction environ?

3e Question. — Y a-t-il lieu d'établir à Paris de grandes manutentions dans lesquelles l'industrie de la mouture serait réunie à celle de la panification?

4e Question. — Y a-t-il lieu, à raison de l'accroissement de population constaté par le dernier recensement, d'augmenter le nombre des boulangers de Paris?

Je ne reproduirai pas les détails consignés, touchant ces questions, dans l'excellent rapport (A) adressé à M. le ministre du commerce; j'essayerai de coordonner, sous une autre forme, les éléments de l'avis demandé au conseil. A cet effet, après avoir rappelé sommairement l'état actuel de la boulangerie parisienne, je rapprocherai les vues d'amélioration récemment proposées, des modifications introduites, à diverses époques, dans cette branche d'industrie; je discuterai ensuite les opinions qui se trouvent en présence, et je conclurai en indiquant la solution que je propose d'adopter.

I. ÉTAT ACTUEL DE LA BOULANGERIE.

3.
Trois régimes réglementaires juxtaposés.

L'organisation de la boulangerie du département de la Seine est fort compliquée, et présente une anomalie remarquable au milieu de notre système industriel. Elle s'est constituée successivement par la juxtaposition de trois régimes réglementaires distincts.

4.
Régime de la corporation.

Le premier régime, celui de *la corporation,* s'est maintenu à Paris, sauf quelques rares interruptions, depuis une époque fort reculée (B). L'essence de ce régime est d'assurer à la population l'approvisionnement à des conditions modérées et à l'abri des fluctuations qui pourraient résulter de variations rapides survenues dans le nombre des chefs de métier. Il atteint ce but en établissant, proportionnellement à la population, un nombre d'ateliers assez restreint pour que les frais généraux de l'industrie soient maintenus dans de justes limites, assez élevés pour que la concurrence se fasse activement sentir. C'est ainsi que, pour le département de la Seine, le nombre des maîtres boulangers est fixé ainsi qu'il suit, d'après les bases fournies par les derniers recensements :

Pour la ville de Paris : nombre actuel, sauf les modifications que comportent les règlements (C)..   601

Pour la banlieue : nombre devant graduellement diminuer de 564 (D) à un minimum de.....   346

Total......................   947

On maintient fermement les dispositions propres à toutes les anciennes corporations industrielles et qui favorisent la concurrence, en interdisant à un maître d'envahir le champ d'activité de son voisin. Ainsi, chaque boulanger doit vendre dans sa boutique la totalité du pain qu'il a fabriqué, avec le concours de ses ouvriers, dans le fournil qui y est annexé.

D'un autre côté, on interdit la concurrence des boulangers forains, en admettant seulement aux marchés publics de Paris et de la banlieue les boulangers du département de la Seine, lesquels peuvent d'ailleurs concourir sur ces marchés pour la vente de toutes les sortes de pain, et doivent livrer le pain à 0^f,025 par kilogramme au-dessous de la taxe (G).

Quinze syndics, nommés par un système d'élection à deux degrés, veillent au maintien des règlements de la corporation, et pourvoient à divers intérêts communs indiqués depuis un temps immémorial par les convenances propres à cette organisation. Quelques-uns de ces antiques règlements, et, par exemple, ceux qui se rapportent à la surveillance des meuniers, et aux conditions d'apprentissage et de réception (B), sont tombés en désuétude en raison de la transformation des industries ou par la pression des mœurs. En revanche, la surveillance confiée aux syndics s'est compliquée récemment, par suite des dispositions prescrites touchant les dépôts de garantie ou d'approvisionnement (25), la taxe et la compensation.

Le second régime réglementaire, celui de *la taxe*, attribue à l'autorité publique le devoir de fixer le prix du pain en proportion du prix des farines achetées par les boulangers. La taxe a une origine fort ancienne, mais depuis le xviie siècle, elle avait cessé de faire partie intégrante des lois rendues en matière de boulangerie (B); elle n'a jamais régi, dans l'ancien régime, que le commerce du pain de luxe; et, dans le cours du xviiie siècle, elle se réduisait à un contrôle exercé, à de longs intervalles, sur les prix fixés par les boulangers. La taxe a été formellement établie pour la première fois, en ce qui concerne le pain ordinaire, en l'année 1811; fixée d'abord pour des intervalles indéterminés, elle a été réglementée d'une manière plus absolue par diverses ordonnances (25), avec un système de révision pour chaque quinzaine, notamment en 1823, puis en 1855.

5.
Régime de la taxe.

L'assiette de la taxe a soulevé du xve au xvie siècle, et surtout de nos jours, d'innombrables discussions, à la suite desquelles de fréquentes modifications ont été adoptées (E). Les débats ont surtout porté et se reproduisent encore, chaque fois que la question de la boulangerie est agitée, sur les moyens de constater le prix des farines, sur les frais de panification et sur la quantité de pain obtenue d'un poids donné de farine.

En ce moment, on détermine le prix du kilogramme de pain de 1re qualité, pour chaque quinzaine, en constatant, comme il sera dit plus loin (6), le prix des farines de 1re qualité pendant la quinzaine précédente. On attribue au boulanger, pour frais et bénéfices, une somme de 7 francs par quintal de farine, et on admet que ce quintal rend 130 kilogrammes de pain, pesé au moment de la vente, soit huit à dix heures après la sortie du four.

Le prix du kilogramme de pain de 2e qualité est toujours fixé à un nombre pair de centimes, en retranchant, selon les cas, 7 à 8 centimes du prix fixé pour la 1re qualité. Ce pain n'entre d'ailleurs que pour une proportion insignifiante (environ deux centièmes) dans la consommation du département de la Seine.

Le poids des pains taxés ne peut être inférieur à deux kilogrammes; ce gros pain, sous ses formes principales (F), entre dans la consommation parisienne pour une proportion qui n'est point officiellement constatée, et que certaines personnes évaluent aux trois quarts du total; le surplus se compose des sortes désignées sous les noms de petits pains, pains de luxe ou pains de fantaisie (F), et qui se vendent, les uns à prix constant sous un poids variable, les autres, à un prix variable avec un poids constant. Les conditions de la vente des pains de fantaisie sont fixées aujourd'hui par la seule concurrence des boulangers privilégiés du département de la Seine, sans intervention de la concurrence des boulangers forains (G).

6.
Régime de la compensation.

Le troisième régime réglementaire, celui de *la compensation*, implique une intervention encore plus prononcée de l'autorité publique, qui se charge de maintenir, en temps de cherté, le prix du pain au-dessous du cours naturel, au moyen d'un prélèvement équivalent repris sur les consommateurs en temps d'abondance.

Cette institution, étrangère à l'ancien régime de corporation, s'est montrée en germe pendant le cours des deux derniers siècles, dans le mode suivi pour surveiller le commerce de la boulangerie. Elle a été mise à l'essai, sur une assez grande échelle de 1811 à 1812, puis de 1816 à 1818; elle a été fondée d'une manière permanente en 1853, sous le nom de Caisse de service de la boulangerie (H).

La caisse de service, comme toutes les institutions analogues auxquelles on avait eu précédemment recours, a commencé à fonctionner en temps de disette (I). Pour subvenir aux charges qui lui ont été d'abord imposées, elle a contracté une série d'emprunts et obtenu plus tard une dotation spéciale (H). Elle reçoit la déclaration de tous les achats de farines faits par les boulangers, et elle déduit de ces déclarations le cours moyen d'après lequel on règle, comme on l'a dit ci-dessus (5), la taxe du pain.

Les opérations de la caisse ont porté, en 1856, pour Paris, sur 1,351,727 quintaux de farines, et pour la banlieue sur 921,717 quintaux. Si l'on rapproche cette consommation du nombre réglementaire des boulangers du département (4), on trouve qu'elle correspond pour chacun aux élaborations journalières indiquées ci-après :

Paris (moyenne pour 601 ateliers)............ 3,92 sacs (K)
Banlieue (moyenne pour un minim. de 346 ateliers). 4,65.   (D)

Cette même consommation conduit également aux résultats suivants, en ce qui concerne la production annuelle du pain (K) :

       Paris.... 179 millions de kilogr.
       Banlieue, 122
            ————
           301
           ————

Le maximum de la taxe du pain, fixé d'abord à 40 centimes par kilogramme, a dû être successivement élevé, vu l'intensité de la dernière crise alimentaire, à 45, puis à 50 centimes. Dans ces conditions, la caisse, depuis la fin de 1853 jusqu'au milieu de l'année 1856, a dû faire des avances qui, à cette dernière époque, dépassaient 6o millions. Depuis lors, le prix du pain étant tombé au-dessous de 5o centimes, la caisse a pu recouvrer une partie de cette somme en maintenant la taxe à 3 centimes environ au-dessus du cours commercial. Ce prélèvement équivaut à une recette brute annuelle de 9 millions, et c'est ainsi qu'au 3o octobre dernier le découvert de ce service se trouvait réduit à moins de 5o millions.

III. PROPOSITIONS ET AVIS TOUCHANT LA RÉFORME DE LA BOULANGERIE.

7.
Inconvénient principal du régime actuel.

La surcharge de 3 centimes par kilogramme de pain, imposée depuis 1856, par le régime de la compensation, ne laisse pas que d'être sentie par les populations du département de la Seine, qui peuvent journellement comparer le prix fixé par la taxe avec le prix moindre payé, sous le régime de la liberté commerciale, dans les départements voisins. On a donc été conduit à se demander s'il serait possible de prévenir les inconvénients qui résultent de l'inégalité ainsi établie entre des localités contiguës.

8.
Principe des réformes proposées.

Pour atteindre ce but, dont l'importance politique est si manifeste, quelques personnes ont pensé qu'il fallait détruire l'inégalité à sa source même, en étendant à la France entière le régime de la compensation (L).

Les études qui ont suggéré les questions posées au conseil d'État ont pour la plupart été inspirées par un autre principe. On a remarqué que l'industrie du boulanger, en raison du morcellement et des entraves imposés par le régime de corporation, était restée dans l'état d'imperfection où elle se trouvait au moyen âge. On a admis, d'un autre côté, comme un fait constaté, qu'on peut dorénavant fabriquer le pain, dans de grands établissements, pour les populations urbaines, à des conditions plus avantageuses que celles dont doivent se contenter les populations rurales; qu'en recourant à ces méthodes perfectionnées on pourrait, tout en maintenant les charges de la compensation à Paris et dans la banlieue, y abaisser le prix du pain au cours établi dans les localités contiguës.

On peut résumer sommairement, comme il suit, les principales études dans lesquelles on a discuté l'utilité de cette réforme.

Le 29 novembre 1855, M. le ministre du commerce prend l'initiative de la question. Admettant que la farine employée à la fabrication du pain de taxe de première qualité représente seulement 65 ou 67 p. o/o du poids du blé (R), il invite M. le préfet de la Seine à examiner s'il serait opportun d'entreprendre à Paris la fabrication d'un *pain de ménage* dans lequel entrerait une plus forte proportion de farine panifiable, et qui pourrait être livré à 4 centimes au-dessous de la taxe. Le ministre demande, en outre, si, dans le cas de l'affirmative, il ne conviendrait pas d'appliquer la taxe et la compensation à ce nouveau produit, en groupant les types actuels supérieurs à la seconde qualité dans la catégorie des pains de luxe ou de fantaisie (F).

Le 28 décembre 1855, le conseil municipal de Paris, saisi de cette question, émet l'avis qu'il y a lieu de fabriquer deux qualités nouvelles de pain correspondant à des extractions de 75 et de 80 de farine pour 100 de blé (R); que ces sortes de pain devraient seules être fabriquées sous les formes qui servent aujourd'hui de base à la consommation parisienne; que, dans ce nouveau système, la première qualité actuelle qui paraît moyennement correspondre à une extraction de 67 p. o/o serait classée comme pain de fantaisie, et ne pourrait être façonnée avec un poids supérieur à 1 kilogramme; que la fabrication du pain devrait d'ailleurs se concentrer dans de grands établissements réunissant la meunerie à la boulangerie, et dont le nombre total pourrait être compris entre 40 et 50; que ce régime, en diminuant les frais de fabrication, permettrait de réviser les bases de la taxe et d'alléger les charges du consommateur.

Le 1er mars 1856, une commission choisie dans le sein du conseil municipal, et qui avait pour rapporteur M. Dumas, rend compte des expériences entreprises en vue de réaliser le vœu émis par ce conseil. Elle constate que le pain fabriqué avec de la farine blutée au taux de 75 p. o/o est au moins égal en qualité au pain ordinaire; qu'il offre même, lorsqu'on le compare à ce dernier, une certaine supériorité sous le rapport du goût et de l'odeur; qu'enfin 100 parties de cette farine produisent moyennement 133,3 parties de pain.

12.
Circulaire prescrivant la fabrication d'un pain dit *réglementaire.*

Le 1er avril 1856, en se fondant sur la volonté de l'Empereur et sur l'ordre transmis par M. le ministre du commerce, les syndics de la boulangerie de Paris invitent leurs confrères à se mettre en mesure de fabriquer immédiatement un *pain dit réglementaire* avec des farines blutées au taux de 75 p. o/o.

13.
Expériences de la commission dite du pain réglementaire; conclusions opposées à l'adoption de ce pain.

Le 16 août 1856, une commission, dite du pain réglementaire, instituée par arrêté de M. le ministre du commerce en date du 8 avril précédent, et qui avait pour rapporteur M. Payen, rend compte des opérations faites sous sa direction, en vue de donner suite au projet tendant à fabriquer un nouveau pain avec des farines blutées à 75 p. o/o.

Elle constate que le pain réglementaire est inférieur au pain ordinaire sous tous les rapports, et notamment en ce qui concerne la nuance, le goût, l'odeur et l'aptitude à s'incorporer au bouillon. Elle déclare, en outre, que 100 parties de cette farine rendent 135,3 de pain pesé à la sortie du four, et que ce poids se réduit à 131,4 après le délai de douze heures, qui s'écoule ordinairement entre la sortie du four et la livraison au consommateur.

La commission, fondant ses appréciations sur les méthodes aujourd'hui employées pour préparer les farines destinées à la consommation parisienne, remarque que la farine réglementaire n'est autre chose que la farine de première qualité mélangée de la majeure partie des sortes inférieures que repoussent aujourd'hui les consommateurs, et qui ne sont guère employées que par les boulangeries de province. L'économie à obtenir, par cette addition des farines inférieures, est naturellement en rapport avec l'amoindrissement de la qualité, et se mesure exactement par le prix que le commerce attribue à chaque sorte. Voulant d'ailleurs écarter les discussions qui se sont si souvent élevées touchant les proportions relatives et le prix des divers produits de la mouture, elle établit son calcul en admettant successivement les hypothèses extrêmes les plus favorables aux deux opinions qui se trouvent en présence. Dans cet ordre d'idées, la majorité de la commission prouve que l'économie due à l'emploi de la farine réglementaire, par kilogramme de pain, ne peut être ni inférieure à $0^f,003$ ni supérieure à $0^f,018$.

Se plaçant à un point de vue différent, une minorité de la commission pense que la modification proposée doit nécessairement se lier à une réforme radicale dans la consistance et dans les procédés de travail des établissements actuels. Elle déclare, en conséquence, qu'il convient de rechercher l'économie à obtenir, non dans une boulangerie achetant les farines du commerce, mais dans un grand établissement réunissant la mouture à la panification, et produisant lui-même la farine réglementaire. Admettant d'ailleurs que l'atelier de mouture devrait se contenter d'un prélèvement de $0^f,014$ par kilogramme de blé, la minorité est conduite à constater que l'économie totale obtenue dans un tel établissement sur la production d'un kilogramme de pain réglementaire s'élèverait à $0^f,050$.

Le 4 décembre 1856, M. le préfet de la Seine, se fondant sur les résultats annoncés par la minorité de la commission du pain réglementaire, expose, dans un mémoire adressé à la commission départementale, qu'un atelier réunissant les méthodes ordinaires de la meunerie et de la boulangerie fabriquerait le pain réglementaire avec une économie de $0^f,05$ par kilogramme. Il ajoute que, dans un établissement construit avec tous les perfectionnements que comporterait l'état actuel de l'art, et autorisé à vendre journellement 25,000 kilogrammes de pain, cette économie pourrait s'élever à $0^f,09$.

D'un autre côté, depuis le mois de mars 1856, M. le préfet de la Seine, exécutant les ordres de l'Empereur, fait fabriquer à la meunerie-boulangerie des hospices le pain réglementaire dans des conditions qui ne lui laissent aucun doute sur le succès à attendre de cette innovation. Depuis cette époque, on livre chaque jour au public,

14.
Initiative prise par M. le préfet de la Seine pour hâter l'établissement d'un nouveau régime.

sur divers marchés de la capitale, une quantité de pain réglementaire qui a été graduellement portée de 2,000 à 8,000 kilogrammes. Bien que l'établissement actuel n'offre pas toutes les conditions d'économie qu'on pourrait réunir dans une usine spéciale, le nouveau pain est livré, sans perte, à 0f,025 au-dessous de la taxe (G), aux consommateurs, qui le recherchent avec empressement. Ce sont surtout les faits constatés dans la meunerie-boulangerie des hospices qui conduisent M. le préfet de la Seine aux conclusions rapportées ci-dessus.

15.
Vœu de la commission départementale de la Seine, en faveur de la réforme.

Le 8 décembre 1856, la commission départementale de la Seine, remplissant les fonctions de conseil général, reproduit des considérations présentées, à pareille date, l'année précédente. Elle exprime l'opinion que le prix de vente du pain peut être diminué par une révision des bases de la taxe et par la transformation des procédés de fabrication. Elle émet le vœu que, tout en tenant compte des tempéraments que la prudence commande, l'administration poursuive à la meunerie-boulangerie des hospices les expériences en cours d'exécution, et propose, avec le concours du conseil municipal, la réalisation progressive des réformes que l'intérêt de la population lui paraît exiger.

16.
Projet de deux institutions nouvelles, proposé par une initiative individuelle.

Le 22 juillet 1857, M. le ministre du commerce communique au conseil d'État un dossier présentant la collection des travaux entrepris depuis 1850 par une initiative individuelle, pour révéler les abus du régime actuel et recommander deux institutions nouvelles qui devraient y mettre fin.

La première institution, nommée *caisse des céréales*, aurait spécialement pour objet le commerce des céréales en France et dans les pays étrangers, la formation de réserves de grains dans les meilleures conditions, le perfectionnement des procédés de conservation, de mouture et de panification; en outre, cette caisse, faisant office de *crédit agricole*, fournirait à l'agriculture française, dans de bonnes conditions, des semences de choix et des engrais.

Administrée dans de hautes vues d'intérêt public, cette institution ne pourrait faire sur les grains achetés par elle que des prélèvements modérés; elle tendrait essentiellement à donner à ce genre de commerce la force, l'unité, la régularité et la moralité qui lui manquent. A tous ces titres, elle serait autorisée par décret impérial, et jouirait de la caution morale du gouvernement; elle recevrait d'ailleurs de l'État et de la ville de Paris un concours financier.

La seconde institution, fonctionnant sous le patronage de la première, fonderait à Paris et dans la banlieue seize grands ateliers réunissant, dans les conditions les plus économiques et les plus parfaites, la mouture à la panification, et fabriquant journellement chacun 15,000 kilogr. de pain; en sorte que, dans leur ensemble, ils subviendraient au tiers de la consommation du département.

Lorsque l'institution aurait reçu tout son développement, le prix d'achat du blé resterait toujours inférieur à 20 francs l'hectolitre; le prix de vente du pain serait immédiatement fixé à 0^f,05 par kilogramme au-dessous de la taxe actuelle. Le capital employé produirait néanmoins un bénéfice de 20 p. o/o. Le département de la Seine garantirait à l'institution, à titre d'encouragement moral, un minimum d'intérêt de 5 p. o/o sur ce capital; l'administration de la ville de Paris exempterait du droit d'octroi le combustible consommé par les établissements (M).

Enfin, M. le préfet de police, consulté récemment sur l'ensemble des questions soumises au conseil d'État, se réfère aux opinions qu'il a plusieurs fois émises, et les résume dans l'avis suivant que M. le Ministre transmet sous la date du 14 décembre 1857.

17.
Opinion contraire à la réforme, émise par M. le préfet de police.

Sur la première question (1), le Préfet pense, avec les auteurs du rapport (A) adressé au Ministre du commerce, qu'il n'y a pas lieu de changer l'assiette de la taxe. Il établit même, par la comparaison des prix courants, que le prix du blé augmente, en temps de cherté, suivant une progression plus rapide que le prix de la farine, et il en conclut que la taxe fondée sur le prix du blé serait plus onéreuse que ne l'est la taxe actuelle pour le consommateur.

Sur la seconde question, il pense, avec la commission du pain réglementaire (13), qu'il n'y aurait aucun avantage à élever le taux de blutage des farines; que d'ailleurs le consommateur repousserait fort judicieusement le nouveau pain, puisque l'abaissement du prix serait exactement en rapport avec l'amoindrissement de la qualité.

Sur la troisième question, il pense que les meuneries-boulangeries que l'on propose d'instituer n'offriraient point les avantages économiques signalés par les réformateurs. Il établit par des chiffres que la meunerie-boulangerie des hospices, si elle pourvoyait à la consommation ordinaire, opérerait plus chèrement que les petits ateliers; il tire donc de cet exemple une conclusion opposée à celle qu'en déduit M. le préfet de la Seine (14). Il pense même qu'en admettant, au sujet de ces établissements, les hypothèses les plus favorables, il ne conviendrait aucunement de modifier, en vue d'un résultat insignifiant, l'organisation qui existe depuis longtemps à la satisfaction générale; de détruire la concurrence qui assure la qualité du produit; d'exposer une partie de la population à manquer inopinément de pain, notamment dans les moments difficiles, et de donner ainsi aux ennemis de l'ordre un moyen puissant et énergique de soulever les masses.

Enfin, sur la quatrième question, se ralliant à l'opinion émise dans le rapport (A) adressé à M. le Ministre du commerce, il pense qu'il n'y a pas lieu d'augmenter le nombre actuel des boulangers; que si, néanmoins, on jugeait nécessaire d'appliquer, à cet égard, le décret du 1er novembre 1854, il conviendrait d'adopter l'interprétation qui réduirait à 32 le nombre des établissements nouveaux à autoriser.

M. le Préfet de police pense, en résumé, qu'il y a lieu de conserver, sans modification aucune, l'organisation actuelle; que toute tentative d'innovation resterait infructueuse et compromettrait, sans profit pour le public, la responsabilité du Gouvernement; qu'en conséquence, il convient de repousser les vœux émis à ce sujet par la commission départementale et par M. le Préfet de la Seine.

Avant de discuter la convenance des modifications que l'on propose d'apporter au régime actuel de la boulangerie, j'exposerai sommairement celles qui y ont été successivement introduites à diverses époques. Je rapprocherai, dans cet aperçu historique, les faits qui concernent les ateliers de boulangerie de Londres et de Paris.

III. MODIFICATIONS INTRODUITES A DIVERSES ÉPOQUES DANS LA BOULANGERIE.

18.
Rapprochement entre les boulangeries de Londres et de Paris.

Depuis le moyen âge jusqu'à la fin du xviii⁰ siècle, les boulangeries de Londres et de Paris ont été, à beaucoup d'égards, organisées sur les mêmes bases. Comme la plupart des autres branches d'industrie, elles étaient soumises à une réglementation maintenue par le pouvoir municipal et par l'autorité publique (B). Toutefois, en consultant les réglements établis à ces époques anciennes, on constate, entre les institutions des deux capitales, cette différence, que le régime réglementaire était plus formel et plus sévère à Londres qu'il ne l'était à Paris (G). La tendance inverse n'a commencé à se manifester que par les lois promulguées à Paris en 1801, à Londres en 1815.

19.
Modifications successives de la boulangerie de Londres.

Les plus anciens statuts, et, entre autres, celui de 1277 (5.⁰ de Henri III), constatent que la boulangerie de Londres était à la fois soumise aux régimes de la corporation et de la taxe. Pendant long-temps, des réglements positifs entravèrent l'accroissement du nombre des boulangers; mais sans qu'aucune loi ait rompu l'ancienne tradi-tion, on aperçoit que l'exemple des autres industries, où le régime de corporation était décidement contraire à l'intérêt public, a réagi peu à peu sur la boulangerie. Pendant le dernier siècle, le droit d'exercer à Londres la profession de maître boulanger n'entraînait plus que des formalités peu onéreuses : c'est à peine s'il en reste aujourd'hui une trace dans la Cité de Londres, où l'on se plaît à conserver, sans imposer aucune prescription formelle, le souvenir des anciennes institutions.

Le régime de la taxe s'est, au contraire, conservé avec une extrême rigueur jusqu'au commencement de ce siècle, en s'aggravant successi-vement de toutes les dispositions restrictives et pénales qu'on trouve encore groupées dans une loi de 1813 (N). La loi distinguait d'abord trois sortes de pain (O), correspondant à trois qualités de farines et dont la plus commune s'appelait *pain de ménage*. Le tarif appliqué à chaque sorte de pain offrait lui-même deux subdivisions, dans chacune desquelles la taxe du pain se trouvait marquée en regard d'une échelle de prix courants du froment et de la farine. Dans la première subdivision, dite *price table*, on indiquait le *prix* des pains livrés à *poids constant*; dans la seconde, dite *assize table*, on indiquait le *poids* des pains vendus à *prix constant*. Les principales dispositions de la loi, remontant pour la plupart à des époques fort anciennes, avaient pour objet de constater officiellement les prix courants des grains et des farines : ces documents devaient être fournis à des officiers publics spéciaux, avec le concours des corporations municipales et des juges de paix, par les marchands de grains et de farines, par les meuniers et par les boulangers. Ce système, compliqué dans ses détails, était garanti par un contrôle sévère et, au besoin, par de fortes amendes.

Il ne sera peut-être pas inutile de remarquer incidemment que la taxe de Londres autorisait les boulangers à acheter, selon leur convenance, la farine ou le blé. D'un autre côté, nonobstant le régime de liberté complète qui règne aujourd'hui, les boulangers n'achètent depuis longtemps que des farines. Cette faculté n'avait donc, au fond, aucun avantage; mais elle enlevait tout prétexte aux critiques qu'on adresse aujourd'hui à la taxe parisienne exclusivement basée sur le prix des farines.

Ce régime réglementaire a été complétement aboli par une loi de 1815 (N), confirmée en 1822 par une autre loi qui forme encore aujourd'hui la charte de la boulangerie de Londres. Cette réforme a été successivement étendue, en 1836, à toute la Grande-Bretagne et, en 1838, à l'Irlande (N).

Les lois qui régissent aujourd'hui la boulangerie du Royaume-Uni ne contiennent plus d'autres dispositions réglementaires que celles qui tendent à prévenir, dans le commerce des farines, les fraudes ou les falsifications insalubres; et celles qui assurent l'application des lois générales concernant le repos dominical, la recherche des contraventions de police, les attributions des magistrats, la procé-

dure, etc. Il est permis à chaque boulanger de fabriquer des pains de
tous poids et de toutes formes, avec toute farine pure ou mélangée
d'autres farines provenant de grains, de légumes ou de fruits farineux
spécialement désignés. Il est seulement prescrit que les pains fabriqués
avec de tels mélanges doivent être signalés par une empreinte spéciale.
Tous les autres mélanges sont interdits aux boulangers. Il est d'ailleurs
défendu aux marchands et aux meuniers d'opérer aucun mélange de
farine, ou de vendre une farine sous un faux nom. Enfin il est enjoint aux boulangers de livrer exactement le poids indiqué par eux
pour les pains qu'ils mettent en vente; à cet effet, ils doivent tenir à
la disposition du public, dans les boutiques ou dans les voitures servant au transport du pain, des balances et des poids légaux.

La liberté donnée depuis quarante ans à la boulangerie de Londres
n'en a point essentiellement modifié l'organisation. On n'y a fondé
depuis douze ans qu'une seule entreprise ayant pour objet de cons-
tituer l'un de ces grands établissements que les partisans d'une réforme signalent comme l'avenir de la boulangerie parisienne; et il ne
paraît pas que cette tentative ait réussi. C'est à peine s'il existe à
Londres 3 boulangers sur 100 exploitant de 2 à 3 boutiques; tous
les autres n'en exploitent qu'une seule. En outre, à Londres, comme
à Paris, la production de chaque boutique reste étroitement limitée
par la nécessité imposée au maître de s'enquérir, à l'aide de communications journalières, des goûts différents et des besoins variables
des pratiques. Sur 2,400 boutiques environ approvisionnant deux
millions et demi de consommateurs, 100 boutiques à peine élaborent chacune journellement de 7 à 9 sacs (O); 800 boutiques élaborent
de 3 à 7 sacs. Sur les 1,500 boutiques élaborant moins de 3 sacs,
il en existe 300 environ exploitées par d'anciens ouvriers qui élaborent à peine un sac en moyenne, et qui aspirent à se créer une situation en s'aidant du crédit qui leur est ouvert par un meunier, en
travaillant de leurs propres mains et en attirant la clientèle par une
réduction des prix de vente fixés par les autres boutiques. Ces entreprises naissantes ne sont pas toujours couronnées par le succès.
Elles stimulent, sans doute, les boulangers établis et les obligent à

21.
Organisation actuelle de la
boulangerie de Londres, fondée, comme dans l'ancien régime, sur les petits ateliers.

3

faire des efforts soutenus pour retenir leurs clientèles; mais, d'un autre côté, en restreignant sans cesse le débouché des anciennes boutiques, elles accroissent, en fait, les frais généraux de ces dernières, et maintiennent la boulangerie de Londres dans une situation précaire. Ce vice organique, qui existait déjà dans l'ancien régime, n'a point été détruit par la réforme : celle-ci n'a donc pu améliorer ni l'organisation des ateliers, ni la situation des consommateurs. Ceux qui ont étudié, sous ce rapport, les deux capitales, conviennent que, pour un prix donné du froment, les divers pains de Londres sont plus chers que les sortes analogues de Paris. Cette cherté relative ne paraît pas avoir diminué dans le régime de liberté; mais, du moins, elle n'est plus imposée par les règlements (O). C'est surtout ce point de vue qui a rallié les sympathies à la réforme. L'opinion publique continuant à repousser le régime de corporation qui seul pouvait amener le bon marché, et le respect des principes dominant ici l'intérêt économique, on ne pouvait que gagner à l'abolition des entraves et des abus qu'entraînait le mécanisme administratif précédemment appliqué à l'assiette de la taxe (19).

Les lois concernant la boulangerie du Royaume-Uni ont été suivies d'une série de réformes parmi lesquelles se place au premier rang celle qui, appliquée progressivement de 1846 à 1849, a établi la liberté du commerce des céréales (N). Assurément, la mesure qui a réduit à o fr. 43 cent. par hectolitre le droit d'importation des grains étrangers n'a pas été accueillie tout d'abord avec l'unanimité qui s'est manifestée au sujet de la boulangerie. Toutefois, les documents parlementaires relatifs à cet ensemble de réformes constatent que, depuis le dernier siècle, il s'est produit dans le Royaume-Uni, en ce qui concerne le commerce et l'emploi des céréales, un changement complet dans l'opinion publique. On peut résumer sommairement, dans les termes suivants, les idées qui y dominent aujourd'hui.

La réglementation du commerce des céréales, comme la taxe du pain, était nécessaire à la tranquillité publique, aux époques où l'on ne savait pas se rendre compte des vraies causes qui produisent le renchérissement et la disette. L'intervention régulière de l'autorité calmait l'opinion, écartait des craintes exagérées et protégeait contre l'animadversion populaire les personnes engagées dans ces branches de commerce. Mais l'observation méthodique des faits a fait enfin comprendre que cette intervention, loin d'être utile au fond, aggravait toujours, en temps de disette, la situation du consommateur.

A ce nouveau point de vue, les disettes de grains résultent surtout de l'insuffisance des récoltes locales et des entraves apportées à la libre et rapide circulation de ces denrées. Quelle qu'ait pu être leur utilité, en raison de l'état arriéré de l'opinion, les mesures gouvernementales prises en vue de conjurer la disette ont toujours produit le résultat inverse. En interdisant les spéculations privées, on a toujours paralysé la seule force qui pouvait remédier au mal. La liberté fermement garantie, et donnant toute sécurité aux entreprises lointaines, est, en définitive, le seul moyen d'alléger les souffrances que doit nécessairement produire une succession de mauvaises récoltes.

L'opinion publique favorise, d'une manière spéciale, les grandes opérations sur les grains, et particulièrement les marchés à terme. En effet, un négociant auquel la hausse donnerait la marge nécessaire pour importer des grains étrangers n'oserait souvent entreprendre cette opération dans un pays où il devrait nécessairement opérer au comptant, car il s'exposerait à subir une baisse dans l'intervalle qui s'écoulerait avant la livraison. L'usage des marchés à terme lui fournit, au contraire, le moyen de réaliser l'opération avec un bénéfice assuré, puisqu'il lui est alors permis de conclure la vente en même temps que l'achat. Et c'est ainsi que la hausse plus ou moins factice, produite par l'excès de la spéculation, peut elle-même devenir l'occasion d'une importation utile aux consommateurs.

Quant à la hausse normale qui résulte de la rareté de la denrée, l'opinion s'y soumet, comme elle subit les autres calamités publiques, avec une calme résignation. Personne ne songe à faire retomber sur le Gouvernement la responsabilité des désordres atmosphériques, ni à lui faire honneur des influences heureuses qui ramènent l'abondance. On ne pense pas, d'ailleurs, qu'il convienne de faire baisser artificiellement les prix par des mesures spéciales sortant du cercle de la charité légale ou privée ; on voit, au contraire, dans l'élévation des prix, le plus sûr moyen de remédier au mal, c'est-à-dire de régler la consommation avec une sévère économie, et de provoquer les pays les mieux pourvus à expédier l'excédant de leur production aux lieux où la pénurie se manifeste.

Les règlements coordonnés vers 1264 par Estienne Boyleaux, prévôt de Paris, constatent que la boulangerie y était depuis longtemps soumise aux régimes de la corporation et de la taxe (B). Beaucoup de documents prouvent que, depuis cette époque jusqu'au xviii° siècle, la corporation des boulangers de Paris n'a pas toujours joui des priviléges permanents et définis qui étaient acquis à celle de Londres. Quant à la taxe, on ne l'a jamais établie que pour les pains de luxe et de petite dimension ; et même pour ces sortes, elle n'a point été appliquée avec la précision et la continuité qui se remarquaient dans le régime anglais (B) ; souvent elle se transformait en un régime de liberté tempéré par une haute surveillance. Quant au gros pain consommé par les classes les moins aisées, la pratique constante de l'ancienne administration fut d'en soumettre la vente à un régime de libre concurrence (G), aidé de quelques mesures spéciales favorisant la baisse des prix. Ainsi, au commencement du xviii° siècle, la ville de Paris était approvisionnée de petit pain par 250 maîtres boulangers qui avaient seuls le privilége de fabriquer et de vendre ce produit au prix de la taxe ; le gros pain, au contraire, était vendu sur les marchés publics, non-seulement pas ces mêmes maîtres, mais encore par 1,560 autres boulangers, dont 660 étaient établis dans les faubourgs et 900 dans les villes de Saint-Denis, Villejuif, Gonesse, Saint-Germain-en-Laye, Corbeil, etc. qui étaient le centre d'un commerce de boulangerie fort étendu, et qui paraissent avoir eu souvent, dans cette industrie, l'initiative du progrès (P). Tous ces boulangers forains étaient tenus de vendre la totalité du pain apporté à chaque marché, d'où il arrivait ordinairement que, vers la fin du jour, la classe peu aisée pouvait se procurer le pain au-dessous du cours fixé le matin par la libre concurrence des deux catégories de vendeurs (G).

Cette antique organisation fut maintenue par les lettres patentes du 1ᵉʳ avril 1783, qui réorganisèrent la boulangerie parisienne, après la tentative infructueuse faite, pendant six mois de l'année 1776, pour détruire, dans la boulangerie comme dans les autres corps de métiers, le régime de corporation; elle resta en vigueur jusqu'à l'époque de la Révolution. En ce qui concerne le petit pain, ces lettres patentes ne contiennent aucunes dispositions réglant les poids, ou les prix, dispositions qu'on ne trouve non plus reproduites dans aucun règlement postérieur à la première moitié du XVIIᵉ siècle (B). En ce qui concerne le gros pain, dont le moindre est fixé à 3 livres, poids de marc, elles maintiennent, au contraire, expressément la liberté, attribuée depuis plus de quatre siècles aux boulangers forains et confirmée en dernier lieu par un arrêt de 1662 (G). Les autres dispositions de ces lettres patentes règlent la nomination de quatre syndics ou adjoints par un système d'élection à deux degrés, les conditions de l'apprentissage et celles de l'admission à la maîtrise. On y retrouve encore les anciennes attributions conférées aux syndics touchant la surveillance des ateliers de meunerie (B).

Je ne connais aucun document précis relatif aux faits qui se sont produits dans le régime de liberté, créé pour toutes les professions par la loi des 2-17 mars 1791; tous les hommes compétents semblent avoir admis qu'il y avait un grand intérêt politique à maintenir le pain à bas prix, et que cet avantage ne pouvait être assuré que par le retour au régime de corporation. Les hommes d'État qui ont successivement dirigé les administrations de la police et des subsistances ont même été conduits à développer continuellement, sous d'autres rapports, le régime réglementaire. Voici, en effet, une analyse sommaire de leurs principaux actes.

La loi des 19-22 juillet 1791 rétablit le droit de taxer le pain et la viande de boucherie, en maintenant le régime de liberté existant pour les autres subsistances, notamment pour le vin, le blé et les autres grains.

Le 11 octobre 1801 (19 vendémiaire an X), un arrêté des consuls, sans limiter formellement le nombre des boulangers de Paris, prescrit qu'à l'avenir cette profession ne pourra être exercée qu'en vertu d'une permission du préfet de police, fixant le quartier où chaque maître pourra s'établir. Il impose à chaque boulanger un approvisionnement de farine versé, à titre de garantie, dans un magasin public : cet approvisionnement, augmenté par divers actes postérieurs, correspond aujourd'hui à une consommation de trois mois. Le même arrêté rétablit, sous le nom d'électeurs, les vingt-quatre députés de 1783 (24), et leur confie la mission de nommer les syndics en présence du préfet de police.

Le 3 février 1802 (14 pluviôse an x), le préfet de police interdit aux boulangers forains la vente du pain sur les marchés : il restreint la jouissance de ce droit aux boulangers de Paris et de la banlieue munis d'une permission spéciale (G).

Le 17 novembre 1808, le préfet de police élève à 2 kilogrammes le poids minimum des pains vendus sur les marchés. L'ancienne disposition interdisant de remporter le pain amené sur ces marchés, maintenue par cette ordonnance, est plus tard révoquée par celle du 10 novembre 1828, qui autorise, en outre, la vente de toutes les sortes de pain.

Le 22 septembre 1807, une délibération de la corporation des boulangers, approuvée par le préfet de police, prescrit qu'une contribution payée par chaque boulanger de Paris fournira le moyen d'acquérir, pour les supprimer, les fonds de boulangerie que leurs titulaires mettront en vente, jusqu'à ce que le nombre des fonds soit réduit à 560. Diverses dispositions postérieures, dont l'une ne reçoit qu'une exécution incomplète, élèvent ce nombre à 601.

En 1811, sur un avis donné le 11 décembre par le conseil des subsistances, établi près du ministère de l'intérieur, la taxe est établie d'une manière formelle, pour le gros pain, à des intervalles qui restent indéterminés. Postérieurement, une série de règlements (E), fondés sur le rapport de nombreuses commissions administratives, donnent à cette taxe plus de rigueur et de précision, et l'établissent sur les bases précédemment indiquées (5).

Les 27 décembre 1853 et 7 janvier 1854, des décrets impériaux créent et organisent la caisse de service chargée d'appliquer le principe de la compensation. Pour donner à ce principe une base plus large, ces décrets introduisent, pour la première fois, dans la boulangerie de la banlieue, le régime de la corporation, et ils autorisent le rachat du nombre de fonds excédant certaines limites fixées par le Gouvernement.

Cette réglementation, on peut le remarquer, va beaucoup au delà de ce qu'avait prescrit l'ancien régime; cependant on ne trouve dans le dossier remis au conseil d'État aucune proposition tendant à en alléger le poids. Plusieurs personnes, à la vérité, présentent des critiques fort vives du régime actuel; mais elles s'accordent toutes, nonobstant la diversité de leurs tendances, à chercher le remède dans une extension nouvelle du régime réglementaire.

Sans méconnaître l'avantage qui résulte, pour les autres industries, de l'application des principes de liberté, beaucoup d'hommes éclairés, prenant en considération les idées dominantes, les vicissitudes périodiques de notre constitution sociale, et enfin certaines convenances toutes spéciales au commerce de la boulangerie (38, 43), pensent qu'il y a lieu de maintenir un régime exceptionnel pour une denrée qui, en France, plus qu'en d'autres pays, doit être réputée de première nécessité. Ils voient, dans le régime actuel de la boulangerie parisienne, des garanties essentielles de sécurité et d'ordre public.

En ce qui concerne le commerce des grains, l'opinion, loin de se rallier aux idées qui dominent en Angleterre (23), conserve toutes les impressions qui ont donné lieu dans l'ancien régime à la législation si compliquée des *traites foraines* et des marchés intérieurs (B). On est convaincu que la liberté laissée, en temps d'abondance ou de disette, aux entreprises privées, serait contraire à l'intérêt public. Sans nier les avantages que d'autres pays peuvent trouver dans la liberté du commerce des grains, on affirme que la France, en raison des circonstances particulières où elle est placée (56), n'y trouverait que des inconvénients. De ce que les personnes engagées dans ces entreprises s'appliquent, selon la loi du commerce, à vendre leurs produits au

26.

Conservation en France des anciennes opinions sur le commerce des céréales; accord du régime réglementaire avec l'opinion publique.

plus haut prix que les consommateurs consentent à payer, on conclut que ces entreprises se résument nécessairement en une hausse qui n'aurait pas eu lieu si ces entreprises eussent été interdites. Il résulte de là que beaucoup de personnes, redoutant l'animadversion publique, s'abstiennent de faire le commerce des grains ou même de conserver ceux qu'ils ont produits. Celles qui se plaisent dans la pratique des bonnes œuvres croient souvent devoir, au prix de sacrifices personnels, par des importations à prix réduit, contrecarrer les opérations que le commerce pourrait entreprendre. La pression des idées dominantes se transmet naturellement jusqu'au Gouvernement; celui-ci se croit donc obligé d'assurer, autant qu'il dépend de lui, en toutes circonstances, la baisse du prix des céréales; il intervient dans ce commerce, non-seulement par les tarifs de douanes, mais encore par les mesures moins directes qui se rattachent à la formation et à l'emploi des dépôts d'approvisionnement.

27.
Caractère des réformes proposées; elles aggraveraient encore le régime réglementaire.

Les faits qu'on vient de rapporter indiquent le caractère des questions soumises au conseil d'État.

La boulangerie parisienne, après avoir devancé celle de Londres dans le mouvement qui entraîne l'industrie vers la liberté, a dû suivre, depuis 1801, une marche inverse, pour conjurer quelques conséquences dangereuses de nos dissensions politiques, et pour répondre, à plusieurs égards, aux préoccupations de l'opinion publique. Dans cette direction, en ce qui touche le régime de corporation, la taxe du gros pain et la compensation, on a déjà dépassé de beaucoup ce qui a été fait sous l'ancien régime, soit en France, soit dans les autres États européens. Le Gouvernement continue à régir directement, par les tarifs de douanes et par des décrets spéciaux, le commerce des céréales, et il y intervient indirectement en réglant les dépôts d'approvisionnement. Mais jusqu'à présent, à ces exceptions près, le commerce des céréales et les industries annexes de la boulangerie conservent la liberté; la meunerie, en particulier, échappe encore à la taxe et à toute autre intervention de l'autorité publique.

Assurément, la création à Paris de grandes usines réunissant la mouture à la panification laisserait, en principe, toute liberté aux nombreux établissements de meunerie qui alimentent aujourd'hui le département de la Seine. Mais, en fait, elle détruirait ces établissements en les privant de leur clientèle; elle convertirait une industrie restée libre jusqu'à ce jour en une industrie réglementée. Convient-il de faire ce nouveau pas et de soumettre la meunerie du bassin de Paris au régime de la taxe? Convient-il, d'un autre côté, de donner plus d'extension aux moyens indirects par lesquels le Gouvernement intervient dans le commerce des céréales, et même de placer sous son patronage des établissements ayant pour but de dominer ce commerce? Je vais chercher dans les faits la réponse à ces questions.

IV. DISCUSSION DES QUESTIONS SOUMISES AU CONSEIL D'ÉTAT.

§ Ier. CONNEXION DES QUATRE QUESTIONS POSÉES.

On peut simplifier les questions posées, en constatant tout d'abord la connexion qui existe entre elles.

Sur les bases où elle est aujourd'hui constituée, la boulangerie n'achète que des farines; il n'existe donc à Paris, pour le froment, aucun cours régulier. On ne pourrait songer, par conséquent, à asseoir exclusivement la taxe du pain sur le prix du froment, que si on avait préalablement fondé des meuneries-boulangeries tenues d'acheter ce grain. Sous ce rapport, la troisième question se confond avec la première; elle touche de près à la seconde, car le changement du mode de blutage ne deviendrait d'une application facile que par la réunion de la mouture à la panification (32); enfin elle se lie également à la quatrième, car il semblerait peu opportun de créer un supplément de petites boulangeries, si ces ateliers devaient prochainement se concentrer dans quarante usines.

Il n'existe, à vrai dire, qu'une question à envisager sous deux aspects principaux.

Peut-on fabriquer le pain dans de grandes usines employant des moyens plus parfaits et plus économiques que ceux qui sont aujourd'hui en usage dans les petits ateliers, de manière à le livrer à plus bas prix à la consommation parisienne?

En cas d'affirmative, peut-on prescrire administrativement l'emploi de ces moyens, sans renoncer aux garanties de sécurité et d'ordre public que l'on a trouvées jusqu'à ce jour dans le régime actuel?

Il s'agit, en d'autres termes, d'apprécier à la fois les réformes proposées, au point de vue de l'économie et de l'opportunité.

§ II. POINT DE VUE ÉCONOMIQUE.

29.
Trois moyens proposés en vue de réduire les frais de la production du pain.

Les propositions faites en vue de réduire les frais actuels de la production du pain comprennent trois moyens principaux : 1° l'emploi de farines correspondant à un taux de blutage plus élevé; 2° le perfectionnement des procédés de panification; 3° la réduction, opérée par l'action directe de la taxe, sur le prélèvement que s'attribuent aujourd'hui les meuniers.

30.
Difficultés que soulève le changement du taux de blutage des farines.

Les autorités préposées à la police des subsistances ont toujours apprécié l'avantage qui serait obtenu, en temps de disette, si la population mettait moins de recherche dans le choix de son pain. Plusieurs règlements anciens exerçaient, à cet égard, une pression analogue à celle de lois somptuaires (P). Cependant ces tendances sont restées infructueuses : les habitants de Paris et les boulangers euxmêmes (56) se sont montrés peu enclins, surtout depuis soixante ans, à suivre la direction qu'on voulait leur imprimer. Aujourd'hui la classe peu aisée délaisse la deuxième qualité de pain pour le pain de première qualité; on la voit même rechercher le pain de luxe non soumis à la taxe. Beaucoup d'ouvriers venant de provinces, où ils se contentaient d'un pain de farine de seigle blutée à 85 p. o/o, consomment tout d'abord la première qualité de pain fabriquée avec de la farine de froment blutée à 68 p. o/o.

Toute prescription tendant à changer ces habitudes mécontenterait la population et présenterait de grands inconvénients. Supprimer la sorte de pain que le public préfère maintenant sera, en tous cas, une mesure fort grave; cette mesure serait impraticable s'il pouvait rester le moindre soupçon sur l'infériorité du pain nouveau. En présence du dissentiment qui s'est élevé entre deux commissions administratives touchant les qualités relatives du pain actuel et de celui qu'on

fabrique avec des farines blutées à 75 p. o/o (11, 13), personne n'o-
serait conseiller au Gouvernement de prescrire l'emploi exclusif de
cette sorte comme pain de taxe de première qualité. En outre, alors
même que cette difficulté seroit écartée, on se trouverait encore arrêté par l'antagonisme des opinions, en ce qui touche l'économie à
attendre de la réforme.

C'est ici le lieu de rappeler les conclusions présentées à cet égard
par la commission du pain réglementaire. En adoptant successivement
pour base de calcul les données extrêmes mises en avant, en ce qui
concerne les produits de la mouture, par les intérêts et les opinions
qui se trouvent en présence, cette commission a annoncé que l'emploi de farines blutées à 75 p. o/o produirait sur le prix du pain
une économie qui ne pourrait être ni supérieure à o^f,018, ni inférieure à o^f,003. Si, en se plaçant au même point de vue que la commission, on cherche à obtenir un résultat plus précis, en partant des
données moyennes adoptées dans les divers calculs de ce rapport,
on trouve que l'économie due à cette réforme serait moyennement :

En temps d'abondance. . . . . o^f,004 (Q)

En temps de disette. . . . . o^f,009

Cependant les personnes qui conseillent d'élever le taux du blutage affirment que ces chiffres donnent une idée incomplète des avantages à attendre de cette réforme, et que la question doit être jugée
d'un point de vue tout autre que celui où s'est placée la commission
du pain réglementaire. Les opinions recueillies à ce sujet se résument
dans les termes suivants.

La boulangerie parisienne, depuis que la mouture n'est plus opérée
à son compte, suit dans le choix des farines une fausse direction :
elle s'est trouvée conduite notamment à attribuer à la blancheur de
cette matière première une importance exagérée. A la vérité, une
farine très-blanche ne peut être un produit inférieur, et donne, par
ce motif, certaines garanties à l'acheteur; mais il s'en faut de beaucoup que les farines les plus blanches donnent toujours le pain le
plus savoureux et le plus nourrissant.

Les meules exercent sur le grain une action fort énergique, qui se manifeste par un dégagement considérable de chaleur et qui altère notablement la saveur du produit, lorsqu'elle est poussée au delà de certaines limites. Ce fait, combiné avec l'ensemble des conditions qui se rattachent à la séparation du son (R), oblige le meunier à modérer autant que possible le travail des meules au premier passage du grain. Indépendamment de la farine proprement dite, on obtient donc toujours de la première mouture des matières grenues désignées sous le nom de gruaux (R). Ces gruaux ont toutes les qualités de la farine, mais leur nuance est moins blanche; en sorte que leur mélange avec cette dernière produirait, en apparence, le même résultat que l'addition d'une certaine quantité d'issues de qualité inférieure. Pour écarter le soupçon d'une telle fraude, on a donc été conduit à soumettre les gruaux à une seconde mouture, qui en rehausse la blancheur, mais qui en altère décidément la qualité. La proportion de farine qui subit cette seconde élaboration, en pure perte et au détriment de la qualité, est évaluée, selon la nature du grain et les convenances de la discussion, de 15 à 35 pour o/o. C'est ainsi que plusieurs personnes expliquent la supériorité qu'elles attribuent, par comparaison avec le pain de Paris, aux pains fabriqués, dans plusieurs villes de province, avec des farines qui n'ont subi qu'une seule fois l'action de la meule. Il est donc judicieux, à ce point de vue, de réclamer, dans les rapports actuels de la meunerie et de la boulangerie, une réforme qui exempterait le public des charges imposées par cette pratique vicieuse.

L'application directe des gruaux à la panification soulève d'ailleurs des questions fort délicates, que les partisans de la réforme regretteraient de voir trancher sans un examen approfondi. Les gruaux directement panifiés, comme les farines les plus ténues, donnent un pain inférieur, pour la nuance, à la qualité actuelle; mais cette différence s'efface lorsque le boulanger compense par un supplément de travail ce qui manque, sous le rapport de la ténuité, à la matière première. Or, dans l'état actuel des choses, le travail de l'ouvrier atteint déjà et dépasse même souvent les limites indiquées par les forces humaines. La réforme proposée, pour ne point donner lieu à une augmentation des frais de main-d'œuvre, entraînerait donc

comme conséquence, l'application des procédés mécaniques au travail du pétrin. L'intervention des grands ateliers, déjà indiquée par
la convenance de réunir la panification à la mouture, se recomman-
derait donc encore, à ce point de vue, par les motifs qui conseillent
de recourir, pour la panification, à l'emploi des machines.

En résumé, le blutage à 75 p. o/o serait d'une utilité fort contes-
table au point de vue adopté par la commission du pain réglementaire,
c'est-à-dire dans le cas où l'on devrait maintenir les autres éléments
de l'organisation actuelle; mais ce changement acquerrait une grande
importance, s'il se liait à l'ensemble des réformes proposées.

Les avantages que pourrait donner le blutage à un taux plus élevé
ne sont pas seulement signalés dans les documents transmis officiellement au conseil d'État. Parmi les tentatives faites dans cette
direction par l'initiative individuelle, je crois devoir mentionner ici
celle d'un habile chimiste qui a déjà reçu de l'Académie des sciences
de Paris une approbation flatteuse.

Ce savant se propose de fabriquer du pain comparable au pain de
taxe de première qualité, en élaborant des farines blutées à un taux
fort élevé; il espère atteindre ce but en tirant parti de phénomènes
chimiques peu remarqués jusqu'à ce jour, et qu'il a contribué à
mettre en lumière.

On a cru pendant longtemps que la couleur bise des pains fabriqués avec des farines blutées à un taux élevé était due essentiellement
au mélange mécanique du son, c'est-à-dire de la matière jaune provenant de la pellicule extérieure du grain (R). Cette opinion se fondait
naturellement sur ce fait, que la couleur bise devient plus prononcée
à mesure que les farines employées tiennent une plus forte dose de son.

Mais des expériences directes auraient démontré que la teinte bise
prise par cette sorte de pain est due à la réaction chimique exercée
par une substance qui n'avait point été remarquée jusque-là; et que
l'on peut, en neutralisant l'action de cette substance, donner à ce
pain la blancheur du pain ordinaire.

On aurait constaté, en effet, que, dans chaque grain de blé, la
couche de matière alimentaire immédiatement contiguë à la pellicule

jaune qui produit le son, se distingue de la partie plus centrale de la masse par une composition, une organisation et des propriétés chimiques particulières. Cette matière, nommée *céréaline*, est très-adhérente à la pellicule jaune et se sépare en grande partie avec le son dans les procédés ordinaires de mouture; elle a toutes les qualités d'un ferment très-énergique; en sorte que, mise en contact avec l'eau et la farine provenant de la partie centrale du grain, elle agit sur cette dernière plus vivement que ne le font les ferments ordinaires. En résumé, les farines mélangées de céréaline, lorsqu'elles sont soumises à la panification par le procédé usuel, subissent une altération profonde qui se manifeste à la fois par une saveur moins délicate et par une couleur bise. La farine blutée à un taux élevé donne du pain bis, parce que la totalité de la céréaline y est retenue; la farine ordinaire donne du pain blanc, parce que, dans le procédé usuel de mouture, la majeure partie de la céréaline reste adhérente au son et se concentre dans les diverses issues.

Quoi qu'il en soit de cette théorie, le fait qui lui sert de base semble être bien établi, et l'on a été conduit à se demander si l'on pourrait annuler ou ralentir chez la céréaline la tendance à fermenter, et ramener cette substance au niveau des autres éléments de la farine. C'est à quoi l'on est arrivé d'abord, en ajoutant à la farine chargée de la céréaline certaines substances qui n'ont d'ailleurs aucune action nuisible sur la qualité du pain. Ainsi, par exemple, quelques boulangers réussissent depuis longtemps à blanchir le pain provenant de la farine blutée à un taux élevé, en ajoutant aux levains (S), préparés à la manière ordinaire, une faible dose d'acide tartrique.

34.
Procédé nouveau produisant du pain de première qualité avec des farines blutées à 85 p. 0/0.

Dans les essais qui se poursuivent à Paris avec une louable persévérance pour neutraliser l'action de la céréaline, on a voulu écarter les critiques non fondées, mais redoutables pour la propagation du nouveau procédé, que devait faire naître l'introduction d'une matière quelconque étrangère au procédé usuel de panification. Après de longues recherches, l'auteur espère avoir enfin surmonté cette difficulté par un tour de main aussi simple qu'efficace : il prépare les levains (S), comme à l'ordinaire, avec les farines et les gruaux; et il ne met en contact avec l'eau les issues chargées de céréaline qu'au moment où les pains doivent être façonnés, de manière à commencer la cuisson avant le temps où cette substance pourrait exercer son action nuisible. Le procédé, tel qu'il est journellement pratiqué à Paris, comprend donc maintenant les manipulations suivantes.

Le grain passé une seule fois entre les meules donne au blutage, pour 100 kilogrammes, les produits indiqués ci-après :

Fleur de farine. . . . . $50^k,0$

Gruaux fins mélangés de quelques parcelles de son. 28 0

Gros gruaux mélangés de beaucoup de son. . 8 0 } $100^k,0$

Gros son. 13 5

Perte (T). 0 5

Le gros son est livré au commerce, et les trois autres produits reçoivent les élaborations suivantes:

On traite 40 kilogrammes de fleur de farine par le procédé usuel, et, à l'aide des ferments et des proportions d'eau ordinairement employées, on produit une quantité de levain de tous points (S) pesant. . . . . 60 kilog.

On délaye ensuite les 8 kilogrammes de gros gruaux dans 45 kilogrammes d'eau tenant en dissolution $0^k,5$ de sel marin, puis on tamise immédiatement le produit : il reste sur le crible un son imbibé de beaucoup d'eau, et l'on obtient un liquide tenant en suspension 5 kilogrammes de farine et pesant en tout. 32

Ce liquide est incorporé dans le pétrin aux 60 kilogrammes de levain, aux gruaux fins pesant 28 kilogrammes, et aux 10 kilogrammes de fleur de farine non encore employée, soit en tout à. 38

On obtient ainsi une pâte pesant. 130

Enfin cette pâte, façonnée et soumise à la cuisson, donne en pain un produit de 111^k,5.

En résumé, de 100 kilogrammes de blé, l'auteur sépare 16^{k}5 de son, et déclare obtenir 83 kilogrammes de farine produisant, avec 0^k,5 de sel marin, 111^k,5 d'un pain égalant, sous le rapport du goût, de l'odeur et de la nuance, le pain de taxe de première qualité.

Ces renseignements, communiqués par l'auteur de cette remarquable découverte, indiquent, pour 1,00 de farine, un rendement en pain de 1,343; ce rendement a été également trouvé dans beaucoup d'autres expériences. Cependant, en réduisant ce rendement à la proportion de 1,325, admise dans le présent rapport comme résultat moyen (K), et en adoptant d'ailleurs les autres données consignées dans la note (Y), on trouve, par le procédé de calcul déjà indiqué (Q), que l'économie due à l'emploi de farines ainsi blutées au taux de 83 pour o/o serait moyennement, au point de vue adopté par la commission du pain réglementaire :

$$\text{En temps d'abondance} \ldots \ldots \ldots \ldots \quad 0^f,021$$
$$\text{En temps de cherté} \ldots \ldots \ldots \ldots \quad 0^f,040$$

Il ne m'appartient pas d'exprimer une opinion sur l'avenir réservé à cette intéressante découverte. Je constate seulement que des praticiens intelligents affirment qu'il n'y a rien à attendre des innovations de cette nature : selon eux, le procédé nouveau reproduit, avec la recommandation d'une théorie douteuse, l'idée fort ancienne d'extraire, par lavage, la farine adhérente au son; cette tentative, comme toutes celles qui l'ont précédée, échouera par suite des difficultés pratiques qui ont toujours empêché de fabriquer avec les eaux de son du pain de qualité régulière. L'expérience seule peut mettre fin à ce conflit de la science et du métier.

La même remarque peut s'appliquer à toutes les modifications concernant le taux du blutage. J'en conclus que le Gouvernement doit cesser dorénavant de chercher une solution dans les jugements portés à cet égard, par les commissions scientifiques et administratives; je pense même qu'il serait fort dangereux de compliquer encore à ce sujet le régime réglementaire et de prescrire d'office une réforme (12).

alors même que ces jugements deviendraient moins contradictoires qu'ils ne l'ont été jusqu'à ce jour. J'émets le vœu que les découvertes de cette nature, lorsqu'elles ont été sanctionnées, dans leur principe, par une autorité compétente, trouvent, nonobstant les règlements actuels, la liberté de se produire et de rechercher le seul verdict qui, dans cet ordre de faits, soit vraiment sans appel, celui qui est rendu par le public.

L'efficacité des perfectionnements qu'on propose d'apporter aux procédés de panification soulève des contestations aussi vives que celles qui concernent l'accroissement du taux de blutage.

Les personnes qui réclament la transformation des procédés actuels se fondent en partie sur les détails repoussants qui se remarquent aujourd'hui dans beaucoup d'ateliers, et sur le travail excessif qu'on impose aux ouvriers boulangers. Ils insistent particulièrement sur la convenance, plausible, à première vue, dans un art essentiellement mécanique, de suivre l'impulsion imprimée à l'ensemble des autres arts, c'est-à-dire de remplacer le travail des bras par celui des machines. Dans leur manière de voir, des perfectionnements considérables pourraient être introduits, sous ce rapport, dans la principale subdivision de la boulangerie, le travail de la pâte. On recommande particulièrement l'adoption des pétrins mécaniques, dont le principe a été apprécié par les jurys des dernières expositions; qui, ainsi qu'on l'a indiqué ci-dessus, sont presque indispensables pour l'élaboration des farines grenues (32); que l'on peut d'ailleurs voir employer avec succès dans plusieurs établissements de Paris, des départements et des pays étrangers. On remarque que ces appareils offrent déjà certains avantages dans les petits ateliers, où ils sont manœuvrés à bras, mais qu'ils n'acquièrent toute leur utilité que dans les grandes usines, où ils sont mis en action par des moteurs inanimés. On indique même que le travail des machines pourrait être appliqué avantageusement au moulage de la pâte, lequel semble avoir été opéré exclusivement jusqu'ici au moyen des bras.

D'un autre côté, en ce qui concerne la cuisson du pain, on critique le système actuel de fours, qui amènerait une déperdition con-

36.
Opinions favorables à une réforme des procédés de panification.

sidérable de chaleur, en mettant périodiquement la surface chauffée en contact avec l'air atmosphérique. On signale comme préférables de nouveaux systèmes de fours où le chauffage s'opère autour de d'enceinte destinée à la cuisson, et qui, sous ce rapport, se prêtent mieux à l'emploi du combustible minéral. On recommande, en outre, des fours à sole tournante, qui paraissent simplifier le travail de l'enfournement et du défournement.

Les résultats annoncés par les personnes qui réclament ces perfectionnements semblent indiquer qu'à Paris ils pourraient amener, pour chaque kilogramme de pain fabriqué, une économie de o',o15 (U)

37.
Opinions contestant la réalité des perfectionnements proposés.

Les partisans de l'organisation actuelle contestent la réalité de ces prétendus perfectionnements : ils citent les établissements dans lesquels ces innovations ont amené la ruine des entrepreneurs ; ils affirment qu'on ne pourrait citer un seul établissement privé dont la prospérité puisse être notoirement attribuée à ces nouveaux procédés.

D'autres vont plus loin dans leur opposition : ils déclarent que le travail des bras est indispensable à la réussite de la panification ; qu'au milieu des phénomènes si variables, si complexes, de la fermentation, les machines ne pourraient suppléer à l'intelligence, à la sollicitude et même, disent quelques-uns, à la sueur de l'ouvrier; qu'en conséquence le principe des ateliers mécaniques ne peut produire que des déceptions.

En ce qui touche l'économie à réaliser par ce groupe d'innovations, on fait remarquer qu'elle ne peut être qu'une fraction du chiffre, fort modique, attribué aujourd'hui, pour la panification et la vente, aux boulangers à titre de frais et de bénéfices. Pour détruire les impressions inexactes qui ont été propagées à cet égard, il suffit de rappeler que l'allocation faite aux boulangers, y compris les deux sources accessoires de bénéfices, n'excède pas o',o6 à o',o7 par kilogramme de pain (E). Les chiffres mêmes mis en avant par les novateurs, alors même qu'on les admet avec leur exagération, prouvent que la boulangerie ne doit pas renoncer, en vue d'un si mince résultat, au matériel simple qui lui a suffi jusqu'à ce jour, pour se charger d'un matériel fort dispendieux.

On constate, d'un autre côté, que les réformateurs n'apprécient pas suffisamment, dans leurs calculs, les avantages qu'offre le régime actuel, en ce qui concerne la vente du pain. Le marchand doit se placer à proximité des consommateurs riches, afin de se conformer aux convenances de ces derniers touchant la forme et la qualité du pain, l'heure et la quantité des livraisons journalières; il doit plus nécessairement encore être en contact intime avec la clientèle peu aisée, pour régler avec discernement le service des crédits (47). Toutes ces convenances se lient parfaitement au régime des petits ateliers, et l'on ne voit pas comment elles seraient remplies dans le régime des grandes usines. Lorsque la concurrence serait établie entre les quarante meuneries-boulangeries qu'il s'agit de fonder (10), on comprendrait qu'il pût être permis de restreindre un peu le nombre des boutiques actuelles; néanmoins, pour satisfaire aux convenances indiquées ci-dessus, ce nombre devra rester fort considérable. Or, si l'on attribue la gestion de ces boutiques à de simples salariés, le service sera mal fait; si, au contraire, la vente est confiée à des marchands opérant à leurs risques et périls, le service sera fort onéreux pour les grandes usines, et celles-ci perdront, en suppléments de frais de vente, l'avantage qu'elles pourraient obtenir sur les frais de panification. L'étude pratique de la question démontre également que le transport du pain des meuneries-boulangeries aux dépôts de vente imposerait aux grandes usines un supplément de frais fort considérable. En résumé, dans cette manière de voir, la concentration des ateliers n'entraînerait que des mécomptes, en balance des avantages problématiques signalés dans la réunion de la mouture à la panification; elle aurait, même au point de vue des réformateurs, l'inconvénient radical de séparer la panification de la vente du pain. Cette prétendue réforme est fondée sur une idée fausse, car, chez le boulanger de tous les pays, la fonction du fabricant a moins d'importance que celle du marchand (X).

Ces présomptions sont justifiées par une expérience séculaire, et si l'on alléguait que les règlements parisiens se sont opposés jusqu'à ce jour à la création de grandes usines, on pourrait citer la bou-

35.

Inconvénients que présenterait la réforme, en ce qui concerne la vente du pain.

langerie de Londres, qui, après un demi-siècle de liberté absolue, reste encore exclusivement fondée sur les petits ateliers (21).

En présence de ces incertitudes et de ces assertions contradictoires, je constate qu'il n'y a dans le dossier de l'affaire, ni dans les communications émanant de personnes dévouées à la réforme, aucun fait qui puisse déterminer le Gouvernement à prescrire d'office un changement dans les procédés actuels de panification. Les investigations si souvent faites par des commissions administratives, en vue de restreindre aux plus justes limites les allocations accordées aux boulangers pour frais et bénéfices, ne semblent pas devoir, pour l'avenir, conduire sur ce point à un résultat plus concluant. A ce sujet, encore, des moyens positifs de conviction ne pourront être fournis que par l'exploitation commerciale des procédés nouveaux, ou, en d'autres termes, par le jugement du public.

La troisième réforme, c'est-à-dire la réduction des bénéfices que prélèvent aujourd'hui les meuniers sur la farine nécessaire à la consommation parisienne, est celle que recommandent surtout les novateurs et qui soulève les plus vifs débats. En se reportant aux calculs si divergents présentés par la majorité et par la minorité de la commission du pain réglementaire, en analysant les chiffres présentés pour justifier une diminution probable de 0f,05 à 0f,09 sur le prix actuel de vente d'un kilogramme de pain, on constate que, dans la pensée des partisans d'une réforme, la partie la plus nette de cette diminution devrait être obtenue aux dépens des meuniers.

Les opposants fondent, en premier lieu, la critique de l'organisation actuelle sur le calcul dont le détail est donné dans une note spéciale (Y). Ils prétendent démontrer ainsi que les meuniers, négociants en céréales, prélèvent indûment sur le public, en temps d'abondance, 1f,94, et en temps de cherté, 3f,40, par quintal de blé, ce qui équivaut par kilogramme de pain à 0f,022 et à 0f,038. Ce prélèvement exagéré serait le résultat d'un système de monopole, dont la trace se trouverait dans toutes les subdivisions du commerce des farines. Ainsi on affirme que le cours des farines, d'après lequel s'établit la taxe du pain, est élevé artificiellement par un ensemble

de manœuvres fondées sur les marchés à terme et sur l'intervention
de certaines marques admises à titre de régulateurs dans les opérations de la halle de Paris. On aurait constaté, par exemple, que certaines farines de haute qualité, et qui n'auraient pu trouver d'abord
acheteur à leur prix réel, auraient été écoulées à un prix exagéré,
après avoir été acquises par les meuniers en possession du monopole et revêtues de leur marque. Ces sortes d'opérations indemni-
seraient les meuniers des sacrifices qu'ils doivent faire pour déterminer périodiquement des hausses factices. Ils trouveraient d'ailleurs
une autre compensation dans les ventes connues sous le nom de *marchés à cuisson.*

On nomme ainsi une convention par laquelle le meunier marchand de farine livre au boulanger la farine nécessaire à son industrie sans stipuler aucun prix de vente, et en prenant pour base la
taxe même qui sera établie pour la quinzaine suivante par l'autorité
publique. La recette que doit produire, au taux de cette taxe, la
farine convertie en pain se trouve ainsi acquise au vendeur, sauf
déduction d'une somme attribuée au boulanger sous le nom de frais
de cuisson. C'est sur la fixation de cette somme que porte uniuque-
ment le débat établi entre les contractants, et dans lequel chaque
partie, en tenant compte de tous les éléments de la taxe, et notamment de l'écart existant entre le rendement réel et les rendements
fixés par la taxe et par la convention même, prennent surtout en considération les sécurités offertes au vendeur, la qualité de la farine
livrée, etc. En fait, le boulanger, à qui le régime de la taxe
attribue par quintal de farine une allocation de 7 francs (5), se con-
tente ordinairement d'un prix de cuisson inférieur à cette somme (V).
Le meunier prend à son compte le bénéfice ou la perte que la taxe
future peut imposer; le boulanger, devenu étranger à ces chances,
concentre sa sollicitude sur la fabrication et la vente, et il peut, à
l'avance, calculer exactement ses profits d'après la quantité de farine
qu'il élabore journellement.

Les partisans de la réforme insistent vivement sur les facilités que
ce régime donne aux manœuvres des meuniers; ils affirment qu'il
devient chaque jour plus aisé à ces derniers de réaliser des bénéfices

peu licites, et d'obtenir une plus-value sur les farines des marchés à cuisson au moyen des hausses factices de la halle. Ils expliquent ainsi comment les marchés à cuisson vont chaque jour en se développant, au détriment des marchés à prix débattu.

41.
Réfutation des critiques adressées à la meunerie et au commerce des farines.

On répond à ces objections en contestant les calculs sur lesquels est établi le fait du prélèvement exagéré des meuniers; on nie à la fois et les inductions tirées des mercuriales officielles et les données admises touchant la proportion et le prix des produits de la mouture. En reprenant ces calculs sur d'autres bases, on démontre que les bénéfices des meuniers sont fort modérés; l'étude de cette branche d'industrie prouve d'ailleurs qu'en regard de succès dus à des qualités éminentes, il se présente de nombreux exemples de bénéfices insuffisants et de revers commerciaux. La note (Y) offre le rapprochement des calculs faits à ces divers points de vue; elle fournit une nouvelle preuve de l'assertion faite à plusieurs reprises dans le cours de ce rapport, à savoir, qu'en pareille matière les enquêtes contradictoires peuvent difficilement conduire à un résultat digne de confiance.

On remarque que la farine est aujourd'hui préparée pour l'alimentation de Paris par plusieurs centaines de meuniers (W) opérant dans les conditions d'une libre concurrence; que si plusieurs d'entre eux obtenaient, en effet, par des manœuvres cachées les profits excessifs qu'on a signalés, on ne comprendrait pas que de nombreux concurrents ne vinssent pas aussitôt contrecarrer leurs opérations; qu'en ce qui concerne particulièrement les marchés à terme et les marchés à cuisson, rien ne serait plus facile que de tirer un double bénéfice des hausses factices de la halle et des conditions onéreuses faites au boulangers; que, dès lors, l'équilibre ne pourrait tarder à se rétablir entre les prix de la halle et le cours des indemnités de cuisson.

On réfute les objections élevées contre le principe des marchés à terme, en remarquant que l'utilité en est constatée par la pratique des peuples dont l'habileté commerciale est le mieux établie, et qu'ils sont pour ces peuples, en temps de disette, le plus sûr moyen d'approvisionnement (23). D'un autre côté, les marchés à terme relatifs à une denrée telle que la farine, dont la qualité peut offrir d'énormes différences, seraient impraticables si on ne pouvait leur donner pour base des types de qualité invariable. Tel est le rôle éminent que remplissent certaines marques de farine dans le régime de la halle de Paris. Assurément, ces marques jouissent de grands avantages; mais ceux-ci ne sont point extorqués des marchands; ils sont conférés à quelques-uns d'entre eux par suite de l'accord qui s'établit entre tous. Les marques-types adoptées dans le commerce des farines sont donc une institution d'intérêt public. La nécessité de ces marques se retrouve dans plusieurs autres branches de commerce, et même dans certaines relations internationales, notamment dans le commerce des aciers fins. Ces marques tomberaient en discrédit dès qu'elles ne seraient plus en rapport avec un ensemble de qualités dont la réunion est peu commune. Leur emploi repose, en définitive, sur un privilége respecté dans la constitution de tout peuple libre, celui qui se fonde à la fois sur le talent et la probité.

Quant aux perfectionnements qu'on prétend fonder sur la simplification des procédés de mouture, ils ne supportent pas l'examen des hommes compétents; ils se réduisent, au fond, à reprendre l'ancienne méthode de mouture, et seraient la négation des progrès accomplis depuis la fin du dernier siècle. L'idée qui tend à faire panifier simultanément la farine et les gruaux n'est pas plus judicieuse, car elle ferait appliquer en pure perte à la fleur de farine (P) le supplément de travail nécessaire aux gruaux qui lui seraient indûment associés (32).

Les personnes qui prétendent régler au moyen de la taxe les bénéfices de la meunerie, en se fondant sur l'écart considérable que signale ordinairement au profit des meuniers le rapprochement des mercuriales du blé et de la farine (Y), se placent à un point de vue très-superficiel; elles ne se rendent pas compte des conséquences auxquelles on se trouverait conduit en poursuivant la réalisation de leurs systèmes. L'industrie du meunier, dans le régime actuel du bassin de Paris, comprend deux subdivisions distinctes : la mouture proprement dite, qui semblerait en effet pouvoir être taxée selon les circonstances entre 1 f,20 et 1 f,60 par hectolitre de blé, et le commerce des céréales, qui par sa nature même échappe à toute taxe et à tout calcul.

42.

Inconvénients des mesures qui tendraient à réglementer le commerce des farines ou des grains.

Les profits d'un commerce, remarquent les défenseurs du régime actuel, sont réglés en chaque lieu par un ensemble de causes que l'analyse ne pourra jamais saisir. Contrairement à l'opinion qui domine en France, ces profits sont surtout limités, dans le commerce des céréales, par l'intervention des hautes intelligences qui arrivent à la fortune, non en grevant improductivement le consommateur, mais en conjurant, à force d'habileté, les difficultés de l'approvisionnement et les chances fâcheuses indépendantes de la volonté humaine. Placés en présence de règlements tels que ceux qui pèsent aujourd'hui sur la boulangerie, ces négociants d'élite chercheront à tourner, autant que possible, les obstacles que ce régime leur oppose, mais ils ne consentiront jamais à s'y engager eux-mêmes; et si on tente de les absorber en étendant graduellement le régime réglementaire, ils se retireront successivement de la meunerie dans le commerce des grains, puis, comme dernière ressource, dans la branche de commerce et dans le lieu où il leur restera permis de faire un libre emploi de leurs talents.

Quoi qu'on fasse, il faudra toujours pourvoir au service fort compliqué qui consiste à concentrer annuellement dans la capitale 225 millions de kilogrammes de farines, fournies en temps d'abondance par les provinces contiguës, et en outre, en temps de disette, par des pays fort éloignés. Il ne suffit pas de constater que le pain du pauvre serait moins cher si ce service était gratuit ou moins onéreux; il faut rechercher si une extension nouvelle de la réglementation, tout en détruisant les profits et les situations qui excitent maintenant l'envie, ne rendrait pas ce service plus onéreux encore. Or, sur ce point, les novateurs ne nous donnent aucune garantie, et nous trouvons leurs assertions vagues condamnées par la pratique des peuples les plus avancés dans la science commerciale. Dans l'opinion de ces peuples, les mesures gouvernementales adoptées en vue de restreindre les prélèvements commerciaux tendent toutes, en définitive, à opérer dans le personnel de la branche de commerce réglementée une transformation dont on peut apprécier les conséquences en comparant, à Paris, le personnel de la meunerie à celui de la boulangerie à cuisson (V.) En raison de la part qu'elles attribuent à l'administration publique, ces mesures substituent à l'inquiète sollicitude de l'intérêt privé l'indifférence et l'inertie d'agents non responsables; elles pourraient même favoriser la corruption aux époques malheureuses où la religion et l'honneur perdent momentanément leur empire. En résumé, en abaissant dans le service des subsistances le niveau du talent et de l'honnêteté, une réglementation exagérée aboutirait au résultat le plus contraire à l'intérêt public, à l'avilissement des prix en temps d'abondance, au renchérissement excessif en temps de disette.

Les critiques qu'on adresse aux rapports établis entre la meunerie et la boulangerie admettent toutes implicitement qu'une entente frauduleuse règne entre les meuniers qui concourent à l'approvisionnement de Paris; elles se fondent donc sur une erreur évidente. Les relevés officiels constatent que la farine est livrée aux boulangers par plusieurs centaines de meuniers (W); et l'étude la plus sommaire apprend que la concurrence qui a de tout temps existé dans ce genre de commerce est devenue plus active que jamais. Chaque jour, le perfectionnement des voies de communication permet à de nouveaux moulins des provinces éloignées de diriger leurs farines vers Paris, tandis que les difficultés que présente l'achat des blés à distance ne permet pas aux anciens moulins du bassin de Paris d'étendre dans la même proportion leur rayon d'approvisionnement. Au reste, l'activité de la concurrence des meuniers se mesure par ce fait, que le prix de location des moulins du bassin de Paris a baissé depuis vingt ans de 20 à 30 p. o/o.

L'accroissement du nombre des marchés à cuisson n'est nullement le symptôme d'un monopole exercé par les meuniers. Ce genre de contrat est également avantageux aux deux parties : le meunier y trouve un débouché régulier pour ses produits; le boulanger, débarrassé des préoccupations qu'entraîne l'achat des farines, consacre son temps aux soins multipliés de la fabrication et de la vente du pain. Ces avantages acquis aux deux agents principaux de la production se résument, par la nature même des opérations commerciales, en un avantage équivalent pour le consommateur. La complication inhérente au régime de la taxe se trouve compensée en partie par la simplification que la taxe même permet d'introduire dans le commerce des farines.

43.
Réfutation des critiques adressées aux marchés à cuisson et au régime des petits ateliers.

Dans l'état actuel des choses, les 1,112 boulangers en exerci
du département de la Seine, classés selon le mode suivi pour l'ach
des farines, présentent les trois catégories indiquées ci-après (V):

Boulangers achetant toutes leurs farines à prix débattu. 244 ⎫
——————— liés en partie par des marchés à cuisson . . . 706 ⎬ 1,1
——————— liés exclusivement par des marchés à cuisson 162 ⎭

Une minorité de boulangers intelligents et actifs trouvera toujou
avantage à acheter les farines à prix débattu; mais, lors même qu'il
serait autrement, la concurrence qui règne entre les meuniers suff
rait pour maintenir la taxe et les indemnités de cuisson en rappo
avec le prix des blés. Les particularités qu'on peut chaque jour con
tater dans ce genre de commerce ne laissent aucun doute sur
point. Il ne faut pas oublier que l'organisation actuelle attribue
service de la boulangerie à un personnel de condition modeste (47
qui n'y peut trouver que de modiques profits : il serait peu judicieu
de lui imposer un mode d'achat qui ne serait pas en rapport ave
ses aptitudes. Sous ce rapport, l'interdiction des marchés à cuisson
réclamée par quelques personnes, serait en contradiction avec le pri
cipe même de la boulangerie parisienne.

La supériorité qu'offre au point de vue économique une corpora
tion exploitant les petits ateliers de boulangerie n'est pas seulemen
indiquée par l'expérience de toute l'Europe; elle peut aussi êt
démontrée par le raisonnement.

Tout le monde connaît les causes qui ont successivement détru
ce régime dans les autres branches d'industrie. La concurrence a per
mis aux fabricants les plus habiles d'étendre le rayon de leurs entre
prises et de vendre à moindre prix, en réduisant leurs frais générau
et en produisant au moyen d'appareils plus puissants et de procédé
plus parfaits. Les prix fixés par ces fabricants d'élite ont établi un
niveau que leurs concurrents n'ont pu dépasser. Dès lors, les consom
mateurs, comme les producteurs les plus habiles, ont compris qu
leur intérêt réclamait le développement de ce régime nouveau.

La boulangerie est l'une des rares industries où l'on ne peut obte
nir ces avantages de la concurrence, et où l'on n'a pas à craindre le

inconvénients de la corporation. Le rayon des entreprises de chaque maître est rigoureusement limité par la consommation même et par les difficultés toutes spéciales que la vente soulève (38); ces difficultés sont telles qu'elles s'opposeront toujours à la création des grandes usines, alors même que le travail des bras ne conserverait pas sur celui des machines une supériorité marquée. La concurrence ne pouvant s'exercer ici avec ses avantages habituels, on trouve intérêt à garantir au public ceux qui sont propres au régime de corporation. D'un autre côté, la fabrication du pain s'adapte parfaitement au régime de la taxe : celle-ci, comme le prouve l'exemple de l'ancien régime (B), n'est point nécessairement liée à la corporation; mais elle donne satisfaction à ceux qui craindraient de voir les boulangers viser au monopole. Au reste, l'infériorité des grandes usines a été constatée à Londres par une expérience directe, et il est à désirer qu'une expérience analogue soit tentée à Paris : ce sera le meilleur moyen de démontrer aux esprits prévenus que les espérances fondées sur les meuneries-boulangeries ne sont que des illusions.

Considéré dans son ensemble, le débat qui s'agite au sujet de 1 meunerie offre, en résumé, le même caractère que ceux qui concernent le taux de blutage des farines et les procédés de panification. Ce débat met en présence des assertions contradictoires dont le contrôle est fort difficile et au sujet desquelles, cependant, l'opinion ne doit pas rester plus longtemps dans l'incertitude. Ici encore la solution la plus simple et la plus féconde consistera à conserver intacte l'organisation actuelle, tout en laissant aux idées nouvelles la liberté de se produire. Dans cette voie expérimentale, la pratique commerciale et le jugement du public, remplaçant avec avantage l'intervention des commissions administratives, ne tarderont pas à opérer le départ entre l'utopie et le véritable progrès.

Je ne crois pas devoir discuter ici les projets de réforme émanant de l'initiative individuelle qui ont été soumis à l'examen du Conseil d'État ou qui m'ont été directement communiqués : ces sortes d'appréciations se rattacheront plus convenablement à la discussion orale. Je me bornerai à signaler ici, en termes généraux, la distinction

qu'on doit établir entre deux catégories de réformateurs qui ont traité
à divers points de vue, la question de la boulangerie.

Les premiers, peu confiants dans le succès de leurs propres efforts
et dépourvus de crédit personnel, fondent leurs projets sur l'appui
moral et le concours financier de l'État, quelquefois même sur l'intervention de ses agents. Élevant leurs vues au niveau des ressources
qu'ils attribuent au Trésor public, ils ne gardent aucune mesure ni
dans la critique du régime établi ni dans la conception de leurs
plans de réforme. Quant à l'exécution, ils réclament toujours l'institution anonyme, qui attribuerait aux gérants une rémunération indé-
pendante du succès, et le privilége d'exploiter, sans risque personnel, les capitaux d'un public confiant.

Les seconds, engagés dans la pratique des affaires, ayant l'assu-
rance et le crédit que donne l'habitude du succès, se placent à un
point de vue tout opposé. Comptant sur la réussite de leurs entreprises, ils ne craignent pas d'en courir les risques, à la condition d'en
recueillir tous les fruits. Ils se gardent en conséquence de mettre leur
activité et leur intelligence au service d'un intérêt collectif ; ils ne réclament d'ailleurs de l'État ni capitaux, ni tutelle, ni concours d'aucune sorte. Quelquefois, sans doute, ne tenant pas assez compte des
motifs d'intérêt public qui maintiennent le régime réglementaire, ils
vont trop loin dans leurs critiques ; mais ils gardent ordinairement
une sage mesure dans leurs plans de réforme, parce qu'ils sentent le
besoin de les subordonner à leurs ressources. Gênés par les règlements, ils sont bien obligés de s'adresser à l'État ; mais leurs demandes
se bornent à obtenir un peu plus de cette liberté qui est de droit com-
mun dans les autres industries.

En résumé, les premiers réclament des priviléges particuliers fondés sur l'aggravation du régime réglementaire et se proposent d'exploiter, sans risque personnel, le crédit de l'État et l'argent du public ;
les seconds demandent simplement, dans l'intérêt de tous, que la boulangerie fasse un pas vers la liberté depuis longtemps acquise aux
autres professions. Si, conformément aux conclusions de ce rapport (57), il y avait lieu de procéder à l'essai d'un meilleur régime,
il n'y aurait guère à hésiter entre ces deux catégories de réformateurs.

§ 3. POINT DE VUE POLITIQUE ET SOCIAL.

Si, nonobstant les considérations présentées ci-dessus, on regardait comme suffisamment constatée la supériorité économique des meuneries-boulangeries, il resterait encore à apprécier, au point de vue politique et social, l'opportunité de ces nouveaux établissements.

Les administrateurs qui, depuis soixante ans, ont successivement dirigé le service de la boulangerie n'ont pas méconnu les inconvénients propres à tout régime de réglementation ; mais ils ont pensé que ces inconvénients étaient compensés, dans ce genre de commerce, par des avantages spéciaux.

En créant le régime qui s'est conservé jusqu'à ce jour, ils ont manifesté la sollicitude dont le Gouvernement a toujours été pénétré aux époques de disette. Ils n'ont pas dû s'exposer, en repoussant les mesures réclamées par le vœu public, à encourir le reproche d'indifférence. En réglementant la boulangerie, ils ont cru abaisser le prix de vente du pain au-dessous du taux qui eût été fixé par la libre concurrence (21) ; mais ils ont voulu surtout enlever à l'esprit de parti, entretenu par nos agitations politiques, l'occasion d'exploiter les souffrances populaires au détriment de l'ordre établi. En suivant, autant qu'ils l'ont pu, la voie du juste et du bien, ils ont dû s'arrêter aux limites posées par l'état de l'opinion. Les faits semblent justifier cette politique : nonobstant les crises redoutables que notre pays a traversées, l'organisation actuelle a donné, il faut le reconnaître, des garanties d'ordre public et de sécurité. On s'accorde généralement à résumer dans les termes suivants les avantages que l'expérience a révélés.

Maintenus dans une situation modeste par les règlements de la corporation, et surtout par l'obligation de fabriquer eux-mêmes tout le pain vendu dans leurs boutiques, les boulangers de Paris n'excitent guère l'envie. La partie peu aisée de leur clientèle n'est guère portée, en temps de disette, à les accuser de s'enrichir à ses dépens. Les idées fausses qui règnent dans la population ne se manifestent donc point, dans les relations avec les boulangers, aux époques de disette, par

46.
Considérations qui recommandent depuis 60 ans le régime actuel.

47.
Garanties de sécurité et d'ordre public données par le régime des petits ateliers.

des actes de violence qui aggraveraient le mal en restreignant les moyens d'approvisionnement.

Sortis pour la plupart du milieu social qui compose la majeure partie de cette clientèle, les boulangers en connaissent les préjugés. Ils sont, d'un autre côté, en mesure d'apprécier, avec plus de justesse qu'on ne le fait généralement, les vraies causes de la cherté du pain. Leurs convictions et leur influence personnelle contribuent donc, dans le contact de chaque jour établi avec les consommateurs, à amortir l'effet des ressentiments que provoque toujours le renchérissement de cette denrée. Cette influence est particulièrement utile quand l'attente d'une hausse prochaine de la taxe ou la crainte de voir l'approvisionnement suspendu pendant les troubles civils élèvent tout à coup la demande du pain au-dessus du taux correspondant à la consommation journalière.

À mesure que les populations ouvrières s'accumulent à Paris par suite de tendances qui se développent chaque jour, à mesure que leurs rapports avec les patrons deviennent moins intimes et plus instables, il leur devient plus difficile de trouver des moyens d'existence en cas de maladie ou de chômage. Dans ce nouveau régime, les ouvriers, à défaut des anciennes relations de patronage, doivent se procurer à l'aide du crédit les ressources nécessaires pour l'acquisition de l'aliment le plus indispensable. L'appel au crédit devient même, pour beaucoup d'ouvriers, une combinaison régulière d'administration domestique. Ce genre de service est de plus en plus attribué au boulanger; mais on comprend qu'il ne peut être exercé que par un agent opérant, à ses risques et périls, avec la connaissance approfondie de la clientèle, et cette condition est parfaitement remplie par le boulanger parisien.

Le morcellement des ateliers de boulangerie, base de l'organisation actuelle, ne permet pas seulement de remédier, comme on vient de l'indiquer, à l'exagération des demandes produites par une émotion populaire; il donne le moyen de conjurer ces sortes de perturbations ou de les calmer quand elles se manifestent, en faisant comprendre aux populations qu'elles ont à leur portée, en farines, en combustibles et en matériel de fabrication, toutes les ressources dé-

— 47 —

sirables. Ce régime permet, en outre, d'opérer l'approvisionnement
de chaque quartier sans recourir à ces convois qui, en cas de pénurie
locale ou d'émeute, parviennent difficilement à leur destination.

Enfin, cette organisation plaçant à la tête de chaque petit atelier
un maître qui a lui-même exercé la profession et qui pourrait, au besoin, se mettre au travail avec le concours de simples manœuvres,
garantit chaque quartier contre la disette qui, en cas d'agitation populaire, pourrait résulter d'une coalition des ouvriers boulangers.

Les grandes usines qu'on recommande n'offriront pas les mêmes
garanties, si on ne se préoccupe pas spécialement, en les créant, de
conjurer toutes ces difficultés. Il semble, à première vue, qu'elles
n'auraient pas, sous ces divers rapports, l'efficacité des petits ateliers qui
existent à Paris et à Londres depuis un temps immémorial. Placés dans
une situation élevée, ne communiquant avec le public que par l'intermédiaire d'agents salariés non responsables, les propriétaires et les gérants des grandes usines soulèveraient aisément l'envie et la méfiance;
ils resteraient sans influence sur l'opinion des consommateurs et pourraient difficilement maintenir le service des crédits. Les débitants de
pain renverraient naturellement aux usines privilégiées les reproches,
que la qualité du pain soulève journellement de la part de consommateurs fort exigeants, et auxquels ils sont maintenant obligés de faire
droit autant que possible : ce seul détail entretiendrait dans la
population une cause permanente de mécontentement. La nouvelle
organisation donnerait lieu, en cas d'émeute, aux dangers qu'a toujours présentés le transport du pain; elle aggraverait, dans les mêmes
circonstances, les craintes populaires et les inconvénients d'une coalition des ouvriers boulangers. Enfin la concentration à Paris de
moyens de production fondés sur l'emploi des machines donnerait
aux agitateurs des facilités spéciales pour interrompre l'approvisionnement et exaspérer les populations (17).

A la vérité, on signale un ensemble de mesures propres à atténuer
ces inconvénients : ainsi, on restreindrait à 20,000 kilogr. la production journalière des nouvelles usines et on répartirait celles-ci, au
nombre de 40, dans toutes les subdivisions de Paris et de la banlieue;

48.
On peut craindre que les
grandes usines n'offrent pas
les mêmes garanties.

on conserverait les boulangeries actuelles avec leur matériel, comme lieux de vente et peut-être aussi pour la fabrication partielle de pains de luxe ; on y trouverait, le cas échéant, le moyen de remédier à l'interruption des travaux d'une grande boulangerie. En résumé, on arriverait, par la concentration des ateliers à une fabrication plus économique ; et l'on conserverait, avec l'ancien personnel de la boulangerie, les avantages propres au régime du morcellement.

Je n'insisterai pas sur les objections que soulève le rapprochement de ces opinions contradictoires ; mais je conclus de nouveau qu'elles ne pourront être tranchées que par l'expérimentation prudente et progressive du régime nouveau.

49.
Questions soulevées par les rapports établis entre les maîtres et les ouvriers.

Dans les États où le régime social repose depuis longtemps sur des bases permanentes, les hommes d'État, en touchant à l'organisation d'une industrie, n'ont guère à se préoccuper des relations établies entre les patrons et les ouvriers : ils peuvent compter, à cet égard, sur les traditions maintenues par la constitution et les mœurs. Il en est autrement au milieu des transformations qui s'accomplissent chaque jour dans l'occident de l'Europe : les gouvernements les plus habiles de cette région ont dû suivre souvent une marche différente. En Angleterre, par exemple, depuis les événements accomplis sur le Continent en 1830, l'étude de ces relations préoccupe vivement l'administration publique ; elle y est devenue l'objet d'un vaste système d'enquêtes. Parfois même, pour remédier aux désordres sociaux qui commençaient à se produire, le législateur a dû intervenir, moins pour régler la situation relative du maître et de l'ouvrier que pour donner une impulsion salutaire aux mœurs privées, qui seules peuvent opérer, dans cet ordre de faits, des réformes efficaces et durables. Le gouvernement de l'Empereur s'est montré constamment animé de la même sollicitude : c'est peut-être ici le lieu de s'y associer, en recherchant l'influence que les réformes proposées pour la boulangerie parisienne exerceraient sur les rapports des maîtres et des ouvriers.

50.
Solidarité qui liait les maîtres et les ouvriers dans l'ancienne organisation de la boulangerie parisienne.

Sous l'ancien régime, ces rapports n'ont point été à l'abri de tout inconvénient : d'anciens documents (B) prouvent que la police a dû

souvent intervenir pour réprimer la turbulence des compagnons,
leur interdire la possession des armes, régler leur costume et même
fixer quelques conditions accessoires de l'engagement contracté
avec les maîtres. Toutefois l'étude même de ces documents indique
qu'il n'existait alors, entre les maîtres et les ouvriers, aucune cause
permanente d'antagonisme; qu'au contraire la solidarité s'est maintenue entre eux jusqu'à la fin du dernier siècle. Un nouvel ordre de
choses ne s'est guère manifesté que sous le gouvernement de la
Restauration, au moment où les générations ayant vécu sous l'ancien
régime commençaient à disparaître. Il existe encore aujourd'hui
beaucoup d'hommes chez lesquels s'est conservé, par tradition orale,
le souvenir de l'ancienne organisation de la boulangerie parisienne,
et auprès desquels on peut obtenir, à ce sujet, de précieux renseignements. Les maîtres restaient toute leur vie attachés à la profession;
ils faisaient moudre le grain qu'ils achetaient à leurs risques et périls, et ils fabriquaient eux-mêmes le pain avec le concours de leur
famille et de plusieurs ouvriers, logés sous leur toit et admis à leur
table. En leur triple qualité de commerçants, de fabricants et de
chefs de maison, ils avaient sur ces derniers l'ascendant d'une supériorité sociale bien assise. Les mœurs n'établissaient entre eux aucune
distinction tranchée : loin de là, par suite des habitudes de la vie
commune, les compagnons les plus rangés et les plus habiles étaient
souvent admis dans la famille du patron ou appelés à lui succé-
der. On retrouve même encore aujourd'hui, chez les boulangers les
plus recommandables, un reflet de ces anciennes mœurs; et l'on
aperçoit que, tout en y renonçant, ils en apprécient encore la supériorité. J'ai été heureux d'entendre un ancien syndic de la corporation se féliciter de ce que, dans le cours d'une longue carrière, il
lui avait été permis de suivre la tradition paternelle et d'élever qua-
torze de ses ouvriers à la condition de maîtres. Le caractère dominant de ces anciennes relations se manifestait par ce fait qu'aux
époques de discordes civiles, les ouvriers se groupaient toujours autour de leurs patrons.

Les événements de 1848, au milieu desquels les ouvriers bou-

langers se sont livrés à tant d'actes de violence, ont mis en évidence
la rupture de l'ancienne solidarité, et, depuis lors, les maîtres intelligents ont compris la gravité de la situation. L'antagonisme actuel résulte en partie de causes générales qui ont agi sur l'ensemble de la société, notamment des modifications qui se sont produites dans la transmission des professions, dans l'organisation de la famille et dans les
rapports de celle-ci avec l'atelier (X); il provient, en outre, de causes
spéciales à la boulangerie parisienne (C). Parmi ces dernières, je signa-
lerai, au premier rang, l'instabilité extrême qui se manifeste dans la
possession des établissements. Chaque jour, il devient plus difficile
à des ouvriers habiles de s'élever à la condition de maître, car la
principale condition de succès ne se trouve plus désormais dans la
connaissance pratique du métier, mais bien dans l'une des qualités
nouvelles de notre temps, l'aptitude et l'audace du spéculateur. Dans
le régime actuel, les maîtres n'acquièrent plus les fonds de boulangerie pour y trouver des moyens permanents d'existence, et encore
moins pour les transmettre à un enfant ou à un collaborateur intel-
ligent. Ils ont seulement en vue d'en hausser artificiellement la valeur
vénale et de réaliser la plus-value par une vente immédiate. Il n'est
guère possible que la solidarité puisse s'établir entre les ouvriers et
ces maîtres éphémères, étrangers parfois à la connaissance du métier. Sous ce rapport, il n'y a point d'exagération à affirmer que
l'augmentation incessante des mutations annuelles serait, pour la
boulangerie parisienne, un symptôme de désorganisation; et il n'y
a rien à ajouter aux indications données par les chiffres consignés
ci-après.

Avant 1815, le nombre des mutations annuelles constaté, pour
les boulangeries qui existaient alors, n'aurait pas dépassé
pour les 601 boulangeries actuelles, une proportion moyenne
de 30
de 1845 à 1852, ce nombre a varié de. . . . . . 36 à 70
en 1853, le nombre des mutations a été de. 102
en 1854, *idem*. 117
en 1855, *idem*. 131

en 1856, le nombre des mutations a été de. .	158
en 1857, le nombre des demandes de muta-
tion s'est élevé à (X).	170

La création des grandes meuneries-boulangeries, si elle avait lieu dans les conditions adoptées pour la plupart des grandes fabriques de l'Occident, pourrait empirer cette situation, en rendant les maîtres et les ouvriers encore plus étrangers les uns aux autres. Elles détruirait, en effet, les derniers vestiges de solidarité conservés traditionnellement dans les petits ateliers actuels, par une minorité de maîtres intelligents (V).

Il en pourrait être autrement, si les fondateurs des nouveaux établissements considéraient tout d'abord le bien-être et la quiétude des ouvriers comme une condition de succès aussi indispensable que l'adoption des combinaisons techniques et financières, dont on paraît s'être préoccupé d'une manière trop exclusive. Assurément, ce point de vue, malgré son importance, ne pourrait donner lieu à aucune prescription spéciale; peut-être, cependant, pourrait-on, à l'exemple du gouvernement anglais, imprimer à des hommes intelligents une direction utile en signalant à leur attention les usines françaises ou étrangères qui se recommandent, dès aujourd'hui, par la bonne entente établie entre les maîtres et les ouvriers, dans lesquelles, notamment, la fixation du salaire n'entraîne jamais aucun débat.

Les fabriques projetées pourraient encore améliorer le sort des ouvriers en les plaçant dans des conditions plus salubres et en les dispensant du labeur épuisant qui leur est imposé aujourd'hui. Il suffit de visiter successivement les caves infectes où s'élabore à bras, avec des eaux fétides, une partie du pain consommé à Paris; puis le vaste atelier où se fabrique, à l'aide de machines, le pain des hospices, pour apprécier les heureuses conséquences qu'aurait, sous ce rapport, une réforme de la boulangerie (C).

§ 4. — Résumé de la discussion.

Les études dont je viens de discuter les résultats ont posé plusieurs questions de réforme et soulevé de vives controverses : cependant il n'existe dans les documents soumis au conseil d'État, ni dans les renseignements recueillis auprès des personnes directement consultées, aucun fait d'où l'on puisse inférer avec certitude que les meuneries-boulangeries recommandées dans des mémoires émanant de diverses autorités, livreraient le pain dans des conditions plus économiques que ne le font les petits ateliers créés par la tradition et les règlements. Il n'est pas démontré non plus que ce régime de grandes usines conserverait, au point de vue politique et social, les avantages du régime actuel, ou remédierait aux inconvénients que ce dernier présente. Le Gouvernement ne pourrait donc, dans cet état de choses, prescrire d'office une transformation de la boulangerie parisienne.

54.
Il y aurait lieu cependant d'autoriser, à titre d'essai, de nouvelles boulangeries.

D'un autre côté, on peut craindre, avec les hautes autorités qui critiquent les règlements actuels, que ces derniers n'étouffent en germe des perfectionnements qui remédieraient aux inconvénients constatés et qui assureraient à la population le pain à un prix moins élevé. Si cette crainte est fondée, il serait fâcheux que le Gouvernement s'abstînt plus longtemps; si elle ne l'est pas, il serait regrettable que les critiques continuassent à se produire et à s'accréditer dans le public. Mais, en présence des résistances provoquées par les intérêts établis, et surtout des dissentiments qui se manifestent dans la science et dans l'administration, il n'est point à espérer que, de longtemps, le Gouvernement puisse fonder une décision sur l'accord unanime des commissions administratives.

Il semble donc que, dans de telles circonstances, le Gouvernement n'a qu'une solution à adopter; il doit maintenir, dans toute son intégrité, l'organisation actuelle, et autoriser, à titre d'essai, les établissements qui, sans rallier l'unanimité des opinions, se présenteraient sous les auspices d'autorités compétentes. Les conditions spéciales de chaque concession seraient fixées de gré à gré par le Gouvernement et le fondateur, de manière à concilier l'intérêt public et la stabilité de la boulangerie avec le libre essor de l'entreprise. Une condition commune, imposée à toutes ces innovations, servirait de frein à l'initiative individuelle et mettrait l'administration à l'abri des obsessions : chaque entrepreneur devrait opérer à ses risques et périls, dans des conditions commerciales, et, par conséquent, renoncer au concours financier et à l'appui moral de l'État.

Il semble aussi qu'il y a lieu, dès à présent, de faire une première application de ces principes, et que le Gouvernement ne peut repousser la fondation de la meunerie-boulangerie réclamée avec insistance par la commission départementale de la Seine, par le conseil municipal de Paris, par M. le préfet de la Seine et par plusieurs autres autorités compétentes. Les faits rapportés précédemment conduisent à penser que cet établissement devrait être fondé dans les conditions suivantes.

La principale condition de succès du nouvel établissement se trouverait dans le privilége qui lui serait accordé de vendre, au moyen de plusieurs dépôts, une production journalière de pain, dont le maximum serait fixé à 20,000 kilogrammes. Dix dépôts de vente suffiraient pour débiter cette production dans les conditions spéciales où l'établissement serait placé. Ces dépôts pourraient être acquis à prix débattu parmi les boulangeries autorisées. Un essai fait sur une échelle aussi modeste ne pourrait évidemment, dans aucune éventualité, compromettre l'approvisionnement régulier de Paris : il semblerait donc inutile de rien prescrire touchant l'annexion d'un fournil et d'un approvisionnement de farine à chaque dépôt de vente. La liberté laissée, sous ce rapport, à l'entrepreneur ne pourrait qu'augmenter les chances de succès.

L'établissement nouveau réunirait la meunerie à la boulangerie; il achèterait le blé et convertirait en pain la totalité de ses farines, en donnant d'ailleurs aux issues de la mouture la destination la plus avantageuse. Il convient, en effet, d'écarter toute complication relative au commerce des farines d'un établissement qui doit surtout fixer l'opinion sur le fait d'un bénéfice exagéré prélevé aujourd'hui par les meuniers. On prescrirait, d'ailleurs, un approvisionnement de grain ou de farine équivalent à celui qui est imposé aux boulangeries actuelles : on réglerait la nature et le lieu de cet approvisionnement en vue des conditions qu'il semblerait convenable de fixer ultérieurement, si l'institution devait se généraliser.

55.
Conditions dans lesquelles une grande usine d'essai pourrait être établie.

Il se pourrait que l'expérience, tout en justifiant le principe des grandes usines, prouvât que celles-ci auraient avantage à pratiquer la mouture dans l'un des moulins qui concourent aujourd'hui à l'approvisionnement de Paris, et qui pourrait être acquis à des conditions plus avantageuses qu'un moulin construit de toutes pièces à Paris. La liberté laissée, à cet égard, à l'entrepreneur, réduirait le capital à immobiliser et augmenterait les chances de succès du nouvel établissement; elle serait, d'ailleurs, conforme à une convenance qu'on oublie trop au milieu des tendances qui accumulent sans cesse à Paris les populations ouvrières.

Il n'y aurait rien à prescrire touchant le taux de blutage des farines : il serait juste que la fabrique pût concourir, avec les boulangeries actuelles, pour l'emploi des farines réputées maintenant de qualité supérieure et, d'un autre côté, les habitudes invétérées de la population (30) ne donnent que trop de garanties contre la tendance qui consisterait à employer des farines de qualité inférieure. Il n'y aurait rien à prescrire non plus touchant la nature des procédés de panification. Cette liberté aurait le double avantage d'alléger le poids du régime réglementaire et de favoriser la libre expérimentation des procédés nouveaux qui ne seraient pas jugés dangereux pour la salubrité publique.

Les avantages attachés à l'exploitation simultanée de dix dépôts de vente ne peuvent évidemment être concédés à un intérêt privé qu'en échange d'une concession équivalente faite à l'intérêt public. En présence des assertions émises par les partisans de la réforme et qui évaluent à 9 centimes par kilogramme (14) la diminution que les meuneries-boulangeries peuvent obtenir sur le prix de fabrication du pain, il semble qu'il y aurait lieu d'imposer au nouvel établissement l'obligation de vendre, au détail, cette denrée à 5 centimes au-dessous de la taxe. Il semble aussi que le principe d'un tel essai devrait être déclaré incompatible avec l'organisation d'une société par actions. Ces conditions donneraient au Gouvernement la mesure de la confiance dont l'entrepreneur devrait être pénétré; et, si elles ne provoquaient aucune offre sérieuse, on trouverait, dans ce fait, une réponse péremptoire à opposer aux réformateurs et un motif pour mettre fin à de stériles débats.

Dans le cas où les réformateurs, forcés d'avouer leur impuissance, allégueraient les difficultés spéciales qui s'attachent à toute création nouvelle, on pourrait peut-être momentanément restreindre cette réduction du prix de vente à 3 centimes par kilogramme de pain livré en boutique ou chez les particuliers. Cependant, si l'on était conduit à accepter cette dernière condition, on aurait par cela même la mesure du médiocre intérêt attaché à l'innovation, surtout si ce faible avantage accordé au public n'était pas rehaussé par les compensations qu'on en peut attendre au point de vue politique et social (52).

Tout en étant convaincus que la création des grandes usines n'entraînerait que des mécomptes, les partisans du régime de corporation ne prétendent pas cependant que celui-ci soit à l'abri de toute critique. Ils signalent des inconvénients et proposent des réformes qui semblent devoir attirer l'attention des Sections réunies.

56.
Améliorations que l'on propose d'apporter au régime actuel des petits ateliers.

Le premier et le principal inconvénient du régime actuel résulte de l'incertitude et des dispositions arbitraires qui pèsent aujourd'hui sur la propriété des fonds de boulangerie. Le nombre réglementaire de ces fonds étant subordonné, suivant un principe peu rationnel (C), au chiffre officiel de la population, qui ne se constate qu'à des intervalles de cinq ans, et restant, d'ailleurs, soumis à l'appréciation de l'autorité, peut être modifié par secousses fort préjudiciables aux intérêts des propriétaires. La continuité de la hausse produite depuis 1853 par l'accroissement rapide des clientèles, et l'imminence de la baisse que peut amener une décision inopinée de l'administration, sont les principales causes de l'instabilité inouïe qui se manifeste, depuis cette époque, dans ce genre de propriété (51). L'agiotage qui s'exerce sur les fonds de boulangerie a, d'ailleurs, les conséquences les plus fâcheuses : il fausse les rapports naturels du maître et de l'ouvrier ; il détruit les habitudes de transmission qui se maintenaient autrefois en faveur de la famille et de l'ouvrier laborieux ; il provoque le luxe stérile de la boutique et entrave les utiles réformes du fournil (52); enfin, il affaiblit l'ascendant qu'un long exercice de la profession donnait au boulanger au profit de l'ordre public et du service des crédits (47).

On remédierait à ces inconvénients par deux séries de mesures. Les unes, fondant sur de meilleures bases le nombre réglementaire des boulangers (C), éloigneraient toute crainte de perturbation et rétabliraient la stabilité de possession et les transmissions de famille. Les autres réprimeraient directement l'agiotage, en faisant revivre au besoin, les anciens règlements dont l'opportunité serait démontrée (X).

Le second inconvénient résulte de l'intervention périodique de l'autorité dans la fixation de la taxe du pain. La forme adoptée entretient en effet dans le public l'idée fausse que le Gouvernement établit arbitrairement, chaque quinzaine, le prix de cette denrée, lorsqu'en fait il se borne à constater un résultat commercial indépendant de sa volonté. Un autre vice de ce régime est l'inquisition permanente exercée sur les transactions privées, en vue de constater le prix moyen des farines vendues aux boulangers.

Le remède se trouvera peut-être un jour dans la suppression de la taxe : celle-ci, en effet, dans un régime de corporation judicieusement établi, ne paraît pas être indispensable pour garantir l'intérêt des consommateurs. Il suffit, pour s'en convaincre, de constater que le maintien de la taxe est aujourd'hui réclamé par les boulangers, plus vivement encore que par le public. Mais l'état de l'opinion rendant la taxe momentanément nécessaire, il faut s'attacher à restreindre autant que possible les inconvénients qu'on y signale. C'est ainsi, par exemple, qu'on pourrait supprimer toute intervention apparente de l'autorité, en adoptant le système suivi à Londres jusqu'en 1815 (N, O), c'est-à-dire en publiant une fois pour toutes, sur un tableau spécial, la correspondance des prix de la farine et du pain. On publierait, en outre, textuellement chaque quinzaine, les déclarations d'achat des boulangers, afin que chaque consommateur pût en déduire, lui-même, le prix du pain. Enfin, dans le cas où le service de la compensation serait supprimé, on pourrait revenir au régime plus simple et non moins exact, dans lequel on constatait le prix des farines par le cours authentique de la halle.

Le troisième inconvénient résulte de l'incertitude et des dispositions arbitraires qui président maintenant au régime de l'approvisionnement (25). Les décisions inopinées par lesquelles la préfecture de police prescrit l'achat ou permet la reprise des farines troublent le cours naturel des transactions, inquiètent les négociants en céréales et aggravent encore les fâcheuses conséquences qu'entraîne, pour ce genre de commerce, l'état de l'opinion publique (26).

Le commerce des grains présente, en France, ce phénomène permanent qu'à un petit nombre d'années offrant un excédant de production indigène exporté à vil prix, succède un nombre d'années moindre où un déficit plus considérable doit être comblé par des grains étrangers importés à grands frais. Les opérations de chaque période mixte, de disette et d'abondance, se balancent donc régulièrement par un excédant d'importation fort onéreux pour les finances du pays. Cette reproduction, à courts périodes, du même fait commercial, devrait être depuis longtemps la base d'une spéculation sûre, qui consisterait à acheter les blés en temps d'abondance pour les conserver en France et les revendre en temps de disette. Mais des préjugés séculaires n'ont point encore permis à l'opinion de comprendre que l'organisation d'un tel commerce garantirait encore mieux l'intérêt de l'agriculture et de la consommation que celui des spéculateurs eux-mêmes. Et il semble que les événements de 1830 et de 1848, en nous éloignant plus que jamais du régime que réclamerait l'intérêt public, ont beaucoup aggravé les conséquences fâcheuses du fait que je signale. Le système d'approvisionnement de la boulangerie parisienne, s'il était étendu à toutes les populations urbaines de l'Empire, offrirait le moyen de remédier en partie aux maux que ces préjugés nous imposent. Mais, pour assurer l'avenir, et pour ne point décourager les efforts individuels qui tendent à se produire, il faudrait régler à l'avance, comme on l'a fait pour le tarif douanier des grains, la constitution de ces réserves de la boulangerie.

Le quatrième inconvénient, lié au régime de la compensation (6), et qui a provoqué les questions soumises aux Sections réunies, se trouve dans les charges considérables que ce service a déjà imposées au département de la Seine ; dans celles que la disette pourrait encore amener, et enfin dans le prix imposé désormais, en temps d'abondance, aux consommateurs de ce département, au contact de populations moins grevées.

Le principe qui consiste à fixer invariablement le prix du pain à un taux modéré a pu d'abord séduire en théorie ; mais l'expérience a bientôt fait comprendre l'impossibilité de maintenir ce prix moyen, en présence des cours extrêmes de disette et d'abondance. On n'aperçoit guère les avantages du système auquel il a fallu se réduire dans la pratique ; on ne voit pas, du moins, que ces avantages compensent la complication introduite dans la boulangerie parisienne et la vice, ici flagrant, de l'intervention gouvernementale. Il faut reconnaître aussi que les défauts du système ont été singulièrement aggravés par les tarifs imposés aux administrateurs habiles qui ont présidé à l'organisation de ce service. Ces tarifs semblent devoir être revisés, soit qu'on maintienne l'institution, soit qu'on la supprime après avoir comblé le déficit auquel elle a donné lieu.

Enfin, un dernier inconvénient est révélé par le vice organique qui, depuis le commencement de ce siècle, prive les populations peu aisées du département de la Seine du pain de ménage dont elles jouissaient depuis un temps immémorial. Sous ce rapport, il y a peut-être lieu de regretter que les questions posées au conseil d'État, aient détourné la présente enquête de la direction que M. le Ministre du commerce lui avait d'abord imprimée (9). De l'aveu de tous les hommes compétents, le pain de 2ᵉ qualité, qui devait remplacer le gros pain livré autrefois à la capitale par la concurrence des boulangers forains (B), est trop défectueux pour remplir cette destination.

Plusieurs personnes pensent que l'écart de 7 à 8 centimes établi par les règlements actuels entre les deux taxes du pain (5) est trop considérable pour que le boulanger puisse donner à la seconde sorte la qualité convenable. Elles affirment que cet état de choses se modifierait utilement, si l'écart était réduit à o^f,o5; qu'on obtiendrait alors, sans exercer aucune pression sur le public, le résultat qu'on avait en vue en prescrivant, en 1856, la fabrication du pain réglementaire (12).

D'autres personnes ayant vieilli dans la pratique du métier ont, à ce sujet, une opinion toute différente. Elles affirment que l'organisation actuelle détourne les boulangers d'entrer franchement dans les vues qui ont fait instituer un pain de seconde qualité; qu'en fait, leurs manœuvres tendent à dégoûter de cette dernière sorte le public nombreux qui serait disposé à apporter une judicieuse économie dans le choix de son pain. On pourrait remédier à cet abus par une disposition aussi simple qu'efficace et qui, en cas d'insuccès, n'offrirait aucun inconvénient, pas même celui de porter préjudice aux boulangers établis. Il faudrait profiter du droit conféré par l'article 1er du décret du 1er novembre 1854, pour instituer des *boulangers de pain de ménage* auxquels il serait interdit de fabriquer du pain de luxe ou de 1re qualité. Le pain de ménage serait façonné exclusivement en *ronds épais de quatre livres* (F); la matière première, que les nouveaux boulangers choisiraient librement, comme l'ont toujours fait les boulangers établis, se composerait vraisemblablement de *farines gruaaleuses* (R), passées une seule fois à la meule et dont on séparerait soigneusement toutes les issues inférieures. Les difficultés que présente l'élaboration de ces farines (32) seraient surmontées par la substitution du pétrin-mécanique au travail des bras, avec les dispositions convenant aux petits ateliers réunissant, selon les règlements en vigueur, le fournil à la boutique. Le rendement considérable que comporte ce produit, et l'économie due à la matière, au travail et à la cuisson, permettraient au boulanger de livrer, au prix de la 2e qualité, un pain savoureux, de bonne conservation, ayant les mêmes propriétés nutritives que le pain actuel de 1re qualité. Les nouveaux boulangers, n'ayant d'autre alternative que de fabriquer du pain recherché par la population ou de laisser leur concession sans valeur, seraient intéressés aussi vivement à surmonter les difficultés pratiques de l'institution, que les boulangers actuels le sont à les aggraver. On résoudrait ainsi sans effort la question si judicieusement posée, au début de ces études (9), par M. le ministre du commerce. En entrant dans cette voie, on ne ferait, d'ailleurs, que reprendre, dans les conditions compatibles avec l'organisation présente, les traditions séculaires qui, jusqu'en 1802, avaient maintenu une concurrence active entre les boulangers ordinaires de Paris et les *boulangers de gros pain* (G).

Il faut reconnaître que l'état de choses résultant de cet ensemble de réformes serait plus conforme aux tendances qui se manifestent spontanément en Europe que ne le serait une organisation fondée sur la réunion forcée de la mouture à la panification. Il se concilierait mieux par conséquent avec le régime de libre arbitre que nos mœurs ne comportent pas encore, mais vers lequel il peut être permis de reporter quelquefois la pensée. Il ne faut pas oublier que l'une des raisons du régime réglementaire où nous sommes rentrés, dès 1791, se trouve dans nos erreurs économiques et dans nos dissensions politiques. Ceux qui ont confiance dans l'avenir doivent espérer que, sous ce rapport du moins, le progrès des idées et des mœurs nous permettrait de rattacher un jour, par la suppression de la taxe, la boulangerie parisienne aux principes généraux de notre droit public. Il semble donc que, dans l'ère de calme et de prospérité due au génie de l'Empereur, cette considération ne devrait pas être complétement négligée par les personnes qui se dévouent à la réforme du régime actuel.

CONCLUSION.

57.

Réponse aux questions posées : il y a lieu de maintenir le régime actuel, tout en déférant au jugement du public les réformes recommandées par des autorités compétentes.

Il n'y a pas lieu de prescrire d'office un changement dans d'organisation actuelle de la boulangerie parisienne, et notamment de substituer, dans l'assiette de la taxe, le prix du blé à celui de la farine, de réglementer le taux de blutage des farines, ni de remplacer les petits ateliers actuels par de grandes manutentions réunissant la mouture à la panification.

Sans compromettre en rien l'organisation actuelle, le Gouvernement doit déférer au jugement du public les plans de réforme qui se présentent avec l'appui d'une autorité compétente. Il y a donc lieu de donner suite au vœu exprimé par la commission départementale de la Seine, et d'autoriser un entrepreneur à créer à Paris, à ses risques et périls, aux conditions précédemment indiquées (55), une meunerie-boulangerie achetant le blé et vendant sous forme de pain la totalité de ses farines, avec un rabais sur le taux de la taxe des boutiques (G), qui ne pourrait être inférieur à 3 centimes par kilogramme. Dans le cas où cet essai serait tenté, on pourrait surseoir à l'établissement des nouvelles boulangeries que le Gouvernement est en droit d'autoriser, conformément à l'article 1ᵉʳ du décret impérial du 1ᵉʳ novembre 1854. Dans le cas contraire, c'est-à-dire, si l'on conservait simplement le *statu quo*, et si le principe du décret n'était pas contesté (C), on ne trouverait, dans les documents communiqués au conseil d'État, aucune raison pour priver plus longtemps le public des avantages que ce décret devait lui assurer.

Si les Sections réunies du commerce et de l'intérieur, concluaient de l'étude à laquelle elles vont se livrer que le régime des petits ateliers, tout en restant la base de la boulangerie parisienne, pourrait recevoir d'utiles réformes; si, à ce sujet, elles voulaient donner quelque développement aux questions qui leur sont textuellement posées, il semblerait opportun de compléter cette étude en résolvant les questions suivantes.

Peut-on rétablir la stabilité (52) dans la possession des établissements de boulangerie, donner la sécurité aux maîtres, et améliorer la condition des ouvriers en réglant, à l'avenir, sur des bases moins arbitraires, plus favorables d'ailleurs aux boulangers et au public (G), le régime de la corporation? Convient-il également de régler d'une manière permanente (56) les régimes de la taxe et de l'approvisionnement? Quels principes y a-t-il lieu d'adopter (56), en ce qui concerne le régime de la compensation? Enfin, faut-il diminuer l'écart existant entre les deux taxes du pain ou fonder de nouveaux ateliers (56), exclusivement consacrés à la fabrication d'un pain de ménage?

Le Conseiller d'État Rapporteur,

F. LE PLAY.

55.
Questions complémentaires à résoudre.

NOTES ET DOCUMENTS.

SOMMAIRE.

QUESTION

DE

LA BOULANGERIE DU DÉPARTEMENT DE LA SEINE.

NOTES ET DOCUMENTS.

(A). *Rapport au Ministre du commerce.*

Rapport à S. Exc. M. le Ministre de l'agriculture, du commerce et des travaux publics sur la boulangerie de Paris par M. J. de Monny de Mornay, chef de division de l'agriculture, et M. L. Foubert, chef du bureau des subsistances; imprimé et distribué au Conseil d'État le 12 mars 1857.

(B). *Sur l'ancienne organisation de la boulangerie parisienne.*

Parmi les documents qui peuvent le mieux faire connaître l'ancienne organisation de la boulangerie parisienne, je citerai particulièrement ceux dont la date et l'objet sont rapportés ci-après.

1264. — Règlement d'Estienne Boyleaux, prévôt de Paris, confirmant un état de choses fort ancien; fixant les classes de boulangers, la juridiction et la surveillance du *maistre pannetier;* posant en principe, en ce qui concerne le petit pain, le prix fixe et le poids variable selon le prix du blé, mais laissant aux règlements de police le soin d'établir l'assiette de la taxe; maintenant, en ce qui concerne le gros pain, la libre concurrence des boulangers de Paris et des boulangers forains sur les marchés publics; interdisant, par des dispositions compliquées, l'accaparement des grains, etc.

1er novembre 1281. — Arrêt de Parlement maintenant la juridiction du *grand panne-tier* sous la juridiction supérieure du prévôt de Paris; la vente libre du pain sur les marchés, etc. — Beaucoup d'arrêts, rendus depuis cette époque jusqu'au 17 juillet 1683 (notamment les 1er juin 1316, 31 décembre 1333, 12 décembre 1416, 2 mai 1485), règlent, au milieu de conflits continuels, les attributions du prévôt de Paris, du chef de la police et du grand pannetier. On retrouve, à notre époque, l'indication des mêmes difficultés dans la délibération en date du 8 décembre 1856, par laquelle la commission départementale de la Seine, signalant les graves inconvénients qui résultent du conflit des administrations préposées à la surveillance de la boulangerie, demande que tout ce qui se rattache à la boulangerie du département soit placé dans les attributions de la même autorité.

1305. — Lettres patentes de Philippe le Bel réprimant les abus du monopole exer[cé]
par les boulangers et conférant notamment à chaque bourgeois le droit de fabriquer [du]
pain et de le vendre à ses voisins. — On a tenté également, à des époques plus récente[s,]
de supprimer la corporation des boulangers, mais il ne paraît pas que les tentatives d[e]
ce genre aient jamais donné lieu à un ordre de choses régulier. Parmi ces tentatifves,]
on peut citer l'arrêt du 13 février 1523 interdisant aux boulangers de rester en commu[-]
nauté et confrérie, de nommer jurés et clercs et d'avoir bourse commune ; enjoignan[t]
en outre, aux boulangers de remettre à l'Hôtel de ville leur pièce d'artillerie. C'e[st]
encore ici le lieu de rappeler les tentatives plus récentes faites en février 1776 et [en]
mars 1791.

30 janvier 1350. — Édit fixant directement la taxe du petit pain vendu en boutiqu[e,]
conformément à des expériences faites en 1316. — La taxe se trouvait ainsi établie [par]
un acte émanant des pouvoirs souverains au lieu d'être établie, comme en 1264, par [de]
simples règlements de police ou par la surveillance des agents de l'autorité et de la corp[o-]
ration. On conservait le principe de faire varier, selon le prix du blé, le poids des pet[its]
pains vendus à prix fixe (F). Des lettres patentes du 11 juillet 1372 établissent, sur [de]
nouvelles expériences, un tarif plus précis fondé sur les mêmes bases. Ce système de [taxe]
reste en usage jusqu'en 1439.

13 juillet 1420. — Arrêt qui défend aux boulangers d'être meuniers et d'avoir soci[été]
ou intelligence avec les gens de cette profession, sous peine d'être tournés au pilor[i.]
Les lettres patentes du 19 septembre 1439 donnent un règlement complet sur la meun[erie]
et fixent le prix de la mouture et du transport des grains et farines, le déchet allou[é au]
meunier, etc. Les lettres patentes du 21 novembre 1577 confirment la taxe de la mo[u-]
ture dans la banlieue de Paris et prescrivent que celle-ci sera un maximum pour les aut[res]
villes du royaume. Tous les règlements postérieurs maintiennent, à divers points [de]
vue, la surveillance de l'autorité ou de la corporation sur les relations de la meuner[ie]
de la boulangerie, et l'on en retrouve la trace dans les lettres patentes du 1er avril 1[7..]
Cette partie des règlements est tombée en désuétude par les mêmes causes qui ont dé[s-]
truit dans les autres arts industriels le régime de corporation, c'est-à-dire par suite d[es]
découvertes mémorables qui ont rattaché la mouture des grains à la grande indu[s-]
trie. Les propositions que le Conseil d'État examine en ce moment auraient pour ré[sul-]
tat de faire rentrer, en fait, la meunerie dans le régime réglementaire (45).

19 septembre 1439. — Lettres patentes fondant sur un principe nouveau la taxe [du]
petit pain vendu en boutique, c'est-à-dire faisant varier, selon le prix du blé, le prix [du]
pain vendu à poids constant. — C'est le système qui est dorénavant suivi, pour le p[ain]
pesant moins de trois livres, avec des particularités en nombre infini, parmi lesquelles [on]
signalera les suivantes. Depuis cette époque jusqu'en 1635, la taxe, lorsqu'elle exi[ste,]
est explicitement établie dans les actes émanant des pouvoirs souverains ; à dater de c[ette]
dernière époque, on revient au régime suivi jusqu'en 1350, et l'on renvoie la fixati[on]
de la taxe à des règlements de police qui tombent souvent en désuétude. Le régime [de]
la taxe est, d'ailleurs, aboli temporairement par des décisions formelles, notamment d[ans]
l'intervalle de 1511 à 1567 ; ainsi l'acte du 23 novembre 1546, lequel, comme les p[ré-]

cédents, s'appliquait au petit pain vendu en boutique, fixe seulement le poids du pain et laisse aux parties le soin d'en débattre le prix. Enfin, tout en fondant exclusivement la taxe sur le prix des pains à poids constant, on continue cependant à vendre à prix constant des petits pains dont le poids reste soumis au contrôle de l'autorité et des syndics de la corporation. C'est le système qui règne encore aujourd'hui (F).

8 octobre 1439. — Lettres patentes confirmant la confrérie des boulangers et l'autorisant à prélever, sur chaque nouveau maître, quatre livres parisis, en dispensant ce dernier d'employer cette somme pour un dîner que, d'après un ancien usage, il devait donner aux jurés. — Plusieurs actes postérieurs tentent de remédier aux abus de l'institution; ainsi, par exemple, on voit cette dernière interdite par l'arrêt du 29 mai 1665.

14 mai 1476. — Arrêt qui défend aux boulangers d'être marchands de grains. — Les anciens règlements émis en matière de boulangerie témoignent du désir qu'avait l'autorité d'empêcher la spéculation sur les grains. C'est ainsi, par exemple, que plusieurs de ces règlements fixent l'ordre suivant lequel les diverses catégories d'acheteurs peuvent entrer au marché des grains, donnant le pas au bourgeois sur le boulanger de Paris; à ce dernier sur le boulanger forain, etc. En se reportant aux considérants des actes, qui, en cette matière, ont été rendus par centaines, depuis le moyen âge, on constate que les mêmes idées règnent encore aujourd'hui dans l'opinion (20).

21 novembre 1577. — Lettres patentes et règlement confirmant en partie ceux de 1567; rétablissant la taxe pour les pains vendus en boutique à Paris et dans les faubourgs; maintenant la libre concurrence pour les pains vendus sur les marchés par les boulangers de Paris, des faubourgs et des villes voisines, mais interdisant aux boulangers forains de rapporter chez eux le pain amené aux marchés. — Il est digne de remarque qu'au milieu des variations infinies introduites dans le commerce de la boulangerie, le principe de la concurrence des forains et de la vente libre du gros pain sur les marchés paraît n'avoir subi aucune exception, depuis l'arrêt du 1er décembre 1380 jusqu'à l'ordonnance de police du 3 février 1802. En revanche, plusieurs arrêts, et entre autres celui du 19 décembre 1619, interdisent aux boulangers des faubourgs de fabriquer du petit pain; beaucoup d'autres arrêts interdisent aux boulangers des faubourgs et aux boulangers forains de vendre du pain ailleurs que sur les marchés et chez les consommateurs.

13 mai 1579. — Ordonnance de police interdisant aux compagnons boulangers de rester à Paris sans engagement; de s'assembler, monopoler, porter épées, dagues et autres bastons offensibles; de porter manteaux, chapeaux et hauts de chausses, sinon les dimanches et fêtes; les obligeant à porter des vêtements gris ou blancs, sous peine de confiscation; à s'engager au moins pour six mois, etc. — Les règles de l'apprentissage ne sont point mentionnées dans les plus anciens documents relatifs à la boulangerie; on les trouve indiquées dans l'arrêt du 21 février 1637; elles sont reproduites dans les actes postérieurs; on les retrouve encore dans les lettres patentes du 1er avril 1783.

Mars 1658. — Lettres patentes confirmant les statuts des boulangers du faubourg Saint-Germain. — On y trouve l'ensemble de la réglementation appliquée aux boulangers de Paris pendant la seconde moitié du XVII° siècle et la majeure partie du XVIII°, notamment les conditions de l'apprentissage et de l'admission à la maîtrise; le mode d'élection des jurés et le détail de la surveillance exercée sur les maîtres, les meuniers, les cabaretiers et hôteliers. On y détermine les sortes de petit pain qui peuvent être fabriquées, et on renvoie pour le poids et le prix aux ordonnances de police; on autorise d'ailleurs les maîtres à fabriquer toutes sortes de gros pain et à le vendre de gré à gré. Un maître ne peut avoir qu'une seule boutique; et il ne la peut tenir ouverte que s'il y joint un four en activité. Les maîtres sont obligés de tenir les halles et marchés garnis de gros pain, d'un poids qui ne peut être inférieur à trois livres poids de marc. On reproduit les prescriptions anciennes faites, dans l'intérêt de l'ordre public, aux ouvriers boulangers, et on interdit à un maître de débaucher les ouvriers d'un confrère.

1ᵉʳ avril 1783. — Lettres patentes maintenant, sauf une légère atténuation du régime réglementaire, les principales dispositions des lettres patentes de 1658. Il n'y est fait aucune mention de la taxe, et l'on y maintient la vente libre, sur les marchés, du gros pain de trois livres et au-dessus.

(C). Sur le nombre réglementaire des boulangers de Paris.

Décret du 1ᵉʳ novembre 1854, art. 1ᵉʳ.

En 1854, le chiffre officiel de la population de Paris, fixé par le recensement de 1851, était de 1,053,262; on admettait donc, en fait, la proportion d'un boulanger pour 1,752 habitants. Depuis le recensement de 1856, qui a porté le chiffre officiel de la population à 1,174,346, on compte un boulanger pour 1,954 habitants. Le nombre réglementaire, à raison d'un boulanger par 1,800 habitants, se trouve porté à 652 : l'Administration est donc en droit d'autoriser 51 établissements nouveaux.

Cette prescription qui fait croître le nombre des boulangers proportionnellement au chiffre officiel de la population, paraît être en contradiction avec la nature des choses et avec les principes qui ont présidé à l'établissement du régime de corporation. Elle est d'ailleurs en désaccord avec celle de l'article 3 du même décret (D), qui est également défectueuse à plusieurs égards, mais qui subordonne très-justement le nombre des boulangers des diverses communes de la banlieue à la densité des populations. C'est encore ici le lieu de remarquer que les avis émis à ce sujet par M. le préfet de police et par les auteurs du rapport (A) adressé à M. le ministre du commerce, impliquent une critique formelle du système établi dans l'article 1ᵉʳ.

Dans une bonne organisation du régime de corporation, on ne doit augmenter le nombre des boulangers que dans la mesure nécessaire pour assurer au public un service facile et régulier. Or, il s'en faut de beaucoup que, pour un boulanger opérant dans un périmètre déterminé, la difficulté du service augmente proportionnellement à la population qui s'y accumule. Il serait donc rationnel de rattacher à la clientèle des boulangers établis, une partie des suppléments de population constatés par les recensements. Par là en effet, on diminuerait les frais généraux de chaque atelier (E) et l'on se trouverait autorisé à stipuler, en balance de cette amélioration, un abaissement de la taxe, une augmentation de l'approvisionnement (25), la réforme des fournils insalubres, ou tout autre avantage réclamé par l'intérêt public.

A ce point de vue, les articles 1 et 3 du décret du 1ᵉʳ novembre 1854 pourraient être revisés utilement pour le public et pour les boulangers. Sans prétendre suppléer aux études approfondies que le sujet comporte, et en vue de signaler le système à suivre plutôt que d'indiquer un résultat définitif, je crois devoir présenter ci-après, en ce qui concerne Paris, un tarif dont le principe me paraît préférable à celui de l'article 1er.

POPULATION DE PARIS, déduction faite de 34,000 personnes (non approvisionnées par les boulangers) formant la population de l'armée, des hospices et des prisons.	CALCUL DU NOMBRE RÉGLEMENTAIRE DE BOULANGERS.			OBSERVATIONS.
	NOMBRE FIXE correspondant à 1 million d'habitants, à raison d'un boulanger par 1,700 habitants.	NOMBRE À AJOUTER pour un supplément de population		
		de 1,000,000 à 1,100,000, à raison d'un boulanger par 4,000 habitants.	de 1,100,000 à 1,200,000, à raison d'un boulanger par 5,000 habitants.	NOMBRE réglementaire total.
1,000,000	588	»	»	588	»
1,019,000	588	5	»	503	Population constatée par le recensement de 1851.
1,108,000	588	25	2	615	Population probable de 1854, au moment où le décret organique a été rendu.
1,140,000	588	25	8	621	Population constatée par le recensement de 1856.
1,200,000	588	25	20	633	»

La corporation tirerait profit de l'institution des boulangeries nouvelles et supporterait les charges qu'entraînerait la suppression des boulangeries anciennes. Les changements commandés par chaque recensement de population seraient nécessairement exécutés en cinq années : cependant on surseoirait à l'exécution dès que la consommation des farines signalerait, dans la population, un mouvement en sens inverse.

(D). *Sur le nombre réglementaire des boulangeries de la banlieue.*

Décret du 1er novembre 1854, art. 3.

Le nombre des boulangers de la banlieue se réduit progressivement par suite d'un système d'extinction adopté dans une délibération des syndics de la boulangerie de la banlieue, en date du 22 février 1855, approuvée par un arrêté du préfet de police en date du 22 mai suivant. Chaque boulanger en exercice paie une cotisation annuelle variant, selon la classe, de 50 à 250 francs, et qui est destinée à acquérir les fonds à éteindre ; de plus, chaque boulanger nouveau, pour avoir le droit d'exploiter un fonds, est tenu d'en acheter deux. C'est ainsi qu'en octobre 1857, le nombre des boulangers de la banlieue se trouve réduit de 564 à 514 (W). Le nombre réglementaire peut varier beaucoup selon l'interprétation qui sera donnée au décret : l'interprétation la plus favorable aux boulangers réduirait ce nombre à 346 (4).

(E). *Sur la taxe du pain et le bénéfice des boulangers.*

Les principaux actes qui ont réglé, depuis la Révolution, le régime de la taxe, ont pour dates : 11 décembre 1811, octobre 1818, 20 avril 1821, 24 juin et 1er juillet 1823, 27 octobre 1830, 2 novembre 1840, 1er janvier 1842 et 27 septembre 1855.

Les travaux de la commission chargée en 1822 d'étudier les bases de la taxe qui fut fixée en 1823 à 10 francs par sac de farine, indiquent que le prélèvement des boulangers fut alors porté en fait à 13 fr. 77 cent. savoir :

Allocation de la taxe pour 204 kilogrammes de pain....	10f 00
Supplément pour excédant de rendement de 6 kilogrammes à 0f,30............................	1 80
Supplément de bénéfice sur le pain non taxé.........	1 97
	13 77

Selon la même commission, ce prélèvement se répartissait à peu près ainsi qu'il suit :

	Frais annuels pour un atelier de 3 sacs.	Frais moyens par sac.
Frais spéciaux :		
Main-d'œuvre de trois ouvriers..........	4,069f 75	3f 71
Combustible, déduction faite de la braise..	1,250 00	1 14
Ferment, sel, montage des farines.......	784 75	0 72
Frais généraux :		
Achat du fonds et loyer...............	2,250 00	2 05
Impôts, entretien du matériel, éclairage...	789 00	0 73
Intérêts du fonds....................	306 75	0 28
Rétribution du boulanger et de sa famille; pertes sur les crédits (47); bénéfices....	5,628 20	5 14
Totaux...........	15,078 45	13 77

A cette époque cependant, les boulangers craignant qu'on ne leur contestât ce modeste bénéfice, protestèrent contre cette évaluation, qui semblait en effet, dans quelques détails, exagérer l'importance du prélèvement; ils s'appliquèrent à démontrer que la somme restant au boulanger et à sa famille ne formait pas la moitié du salaire attribué à ses ouvriers.

Depuis lors, les frais spéciaux et généraux annuels d'un atelier se sont augmentés dans une proportion notable, en raison du renchérissement des salaires, du combustible, du loyer, du fonds, etc.; mais, en revanche, les frais généraux, à raison du progrès de la population, doivent être aujourd'hui moyennement répartis sur quatre sacs (R), au lieu de l'être seulement sur trois sacs. En outre, l'allocation de la taxe ayant été portée à 11 francs par sac, il semble que le boulanger trouve aujourd'hui une situation un peu meilleure que celle de 1823, dans un prélèvement qu'on peut évaluer moyennement à 14 fr. 15 cent. savoir :

Allocation de la taxe. . . . . 11^f 00^c
Supplément pour excédant de rendement de 4^k à 0^f,35. . .   1 40
————— de bénéfice sur le pain non taxé (F). 1 75

                                          14 15

Ce prélèvement, qui équivaut à 0^f,068 par kilogramme de pain, est bien modéré quand on le compare à celui qui était accordé en 1813 par la taxe de Londres (O). Il se réduit à 12^f,40 par sac, soit à 0^f,060 par kilogramme de pain pour le boulanger des quartiers populeux, qui ne fabrique guère que du pain taxé. La répartition de ce prélèvement peut être évaluée approximativement, ainsi qu'il suit, par sac journellement élaboré et par kilogramme de pain :

	Par sac de farine.	Par kilog. de pain.
Main-d'œuvre.	4^f 37	0^f 021
Combustible.	1 25	0 006
Autres frais.	4 11	0 020
Rétribution du boulanger et de sa famille; pertes sur les mauvaises créances; bénéfices.	4 42	0 021
	14 15	0 068

(F). Sur les sortes de pain fabriquées à Paris.

Le pain taxé, vendu au poids, ne comprend guère que du pain de quatre livres de six sortes : court fendu, court rondin, court jocko, rond épais, rond demi-plat et rond plat. On fabrique exceptionnellement, sur commande, des pains de six et de douze livres. Toutes ces sortes se vendaient, dans la première quinzaine de décembre 1857, 0^f,33 le kilogramme.

Des renseignements qui n'ont point le caractère officiel indiquent que sur une consommation journalière de 2,360 sacs constatée en 1856, on a élaboré, sous forme de pain taxé, 1,800 sacs. Le reste, montant à 560 sacs, a été élaboré sous forme de pain non taxé, avec un bénéfice supplémentaire évalué par des fonctionnaires de la préfecture de police, selon les quartiers, ainsi qu'il est indiqué ci-après :

Dans les 1er, 2e, 3e, 4e et 10e arrondissements de Paris, 315 sacs à 10 francs. . . . . 3,150^f
Dans les sept autres arrondissements, 245 sacs à 4 francs.   980

                           TOTAL. 4,130

Ce bénéfice réparti sur la totalité de la fabrication équivaut à un supplément moyen de 1 fr. 75 cent. par sac (E).

Le pain non taxé, dit de fantaisie ou de luxe, comprend 70 variétés environ, parmi lesquelles je citerai les suivantes, que j'ai trouvées en vente dans la première quinzaine de décembre, et que j'ai pesées dans plusieurs boutiques, de concert avec MM. les syndics de la boulangerie.

Les *pains de quatre livres*, de sept sortes : jocko demi-long et long; jocko clair demi-long et long; fendu demi-long et long; grignon ou fendu de côté; pesant moyennement 1,750 grammes, et vendus 0ʳ,66, soit 0ʳ,38 le kilogramme.

Les *pains de deux livres* : les sept mêmes sortes, pesant moyennement 730 grammes, vendus 0ʳ,36, soit 0ʳ,49 le kilogramme.

Les *pains d'une livre* : les sept mêmes sortes, pesant moyennement 350 grammes, vendus 0ʳ,18, soit 0ʳ,51 le kilogramme.

Les *pains couronnes*, de quatre sortes : de trois livres, de deux livres, d'une livre et d'une demi-livre, pesant moins que les autres sortes de même nom, et vendus de 0ʳ,48 à 0ʳ,55 le kilogramme.

Les *pains de trois sous*, de deux sortes : petits jockos et viennois, pesant moyennement 263 grammes; ce qui correspond à 0ʳ,57 le kilogramme.

Les *pains de deux sous*, de 10 sortes : flûte crevée, navette, à café, à soupe, petits jockos, viennois, petits ronds anglais, nattes, bonapartes et couronnes, pesant moyennement 175 grammes, ce qui correspond à 0ʳ,58 le kilogramme.

Les *pains d'un sou*, de 8 sortes : flûte crevée, navette, à café, flûte à café, petit jocko, petits ronds anglais, nattes et bonapartes, pesant moyennement 85 grammes, ce qui correspond à 0ʳ 59 le kilogramme.

Indépendamment de ces 45 sortes préparées avec des farines ordinaires, on fabrique avec des farines de gruau (R) la plupart des mêmes sortes de pain d'un sou à trois sous, notamment les petits jockos, les viennois, les petits ronds anglais, etc. On fabrique aussi en gruau des pains plus gros sur commande et plusieurs sortes spéciales de petits pains, tels que *provençaux, pains à tête, galettes plates, sèmes*, etc. Pendant la première quinzaine de décembre, les petits pains de gruau présentaient les poids moyens indiqués ci-après : pains de 3 sous, 195 grammes (0ʳ,77 le kilogramme); pain de 2 sous, 128 grammes (0ʳ,78 le kilogramme); pain d'un sou, 63 grammes (0ʳ,79 le kilogramme). Parmi ces nombreuses sortes, on en peut compter vingt-cinq environ qui sont maintenant à Paris de fabrication courante et qui absorbent journellement 40 sacs de gruau.

Il est digne de remarque que parmi ces soixante-dix sortes de pains de luxe, on ne retrouve pas un seul des noms employés dans l'ancien régime, tels que *pain chailli, pain de brode*, qui ont été reproduits pendant quatre siècles dans tous les règlements de la boulangerie parisienne.

Ce détail est peut-être l'un de ceux qui décèlent le mieux l'extrême instabilité de nos habitudes modernes.

(G). *Sur les boulangers de gros pain de l'ancien régime.*

La taxe du pain de l'ancien régime était fondée sur un principe essentiellement différent de celui qui est maintenant en vigueur. Aujourd'hui, le gros pain est seul taxé, et le pain de luxe se vend, de gré à gré, à un prix réglé par la seule concurrence des boulangers privilégiés du département de la Seine, sans intervention des boulangers forains, qui ne sont plus admis sur les marchés. C'est à peine si ces marchés sont fréquentés aujourd'hui par 45 boulangers, dont 40 viennent des communes de la banlieue. Le nombre de ces derniers diminue rapidement, à mesure que le système d'extinction adopté pour les fonds de la banlieue (B) reçoit son exécution. Les quantités de pain vendues sur les marchés de Paris ne forment plus guère que deux centièmes de la consommation totale du département. Elles ont été :

En 1855................................... 9,553,631ᵏ
En 1856................................... 7,523,136

Cette diminution progressive des ventes privées a été balancée, en 1857, par les ventes de pain réglementaire (14) opérées par ordre de M. le préfet de la Seine, avec une réduction de 0ᶠ,05 sur la *taxe des boutiques* ou de 0ᶠ,025 sur la *taxe des marchés*.

L'obligation imposée aux boulangers de vendre, sur les marchés, le pain à 0ᶠ,025 par kilogramme au-dessous de la taxe des boutiques, paraît reposer sur un usage traditionnel : on ne trouve trace de cette obligation dans aucun acte émanant de l'autorité publique.

Cet état de choses est précisément le contre-pied de celui qui régnait au commencement du xviiiᵉ siècle ; le petit pain était seul soumis à la taxe, et le gros pain était vendu de gré à gré sur les marchés, par 1,800 boulangers venant pour la plupart de villes situées en dehors du département de la Seine (24).

On se préoccupait tellement, dans l'ancien régime, de favoriser, en ce qui concernait la vente du pain ordinaire, la concurrence des boulangers forains, que l'on exemptait ces derniers des formalités imposées, pour cette même sorte de pain, aux boulangers de Paris. Le passage suivant indique bien la tendance traditionnelle qui, en 1722, inspirait l'administration de la police :

« Les boulangers de Paris voulurent assujétir aussi les boulangers forains à faire leurs « pains, d'un poids certain et les fatiguoient par les visites de leurs jurez dans les « marchez. Les forains s'en plaignirent ; et comme cela pouvoit causer quelque diminu- « tion à l'abondance qu'on doit favoriser autant que possible, le Parlement y pourvut « par un arrêt du 1ᵉʳ décembre 1380. Il porte qu'il seroit permis aux boulangers forains « de vendre du pain de tels forme, poids et prix qu'ils voudroient, et qu'il ne seroient « sujets à aucune visitation à cet égard ;.... »

La situation assurée aux boulangers forains jusqu'en 1802 (25) se trouve bien indiquée dans le passage suivant du règlement général du 21 novembre 1577.

« Que les forains amenant de loin quantité de pains aux villes, vendront de gré à gré, « sans nécessité de poids ou de prix, leurs pains aux marchés ou places publiques sans « toutefois les remporter, ni faire garder ou serrer ès maisons prochaines ou autres pour « le marché subséquent ; ains seront tenus de vendre dedans les trois ou quatre heures « de relevée, autrement seront mis au rabais et ne pourront hausser le prix du matin à « la relevée du jour ; ains seront contraints tenir le même prix du matin ou iceluy dimi-

« nuer, sous peine de confiscation desdits pains et de vingt livres parisis d'amende po
« chaque contravention. . . . »

Enfin un arrêt du 28 août 1662, qui parait avoir régi la boulangerie parisienne pe
dant le XVIII* siècle, « conserve aux forains leurs anciennes libertés de n'être assujéti
« aucuns poids ni prix fixes, mais défend tant à ceux de la ville et des faubourgs qu
« forains de vendre ni débiter aucun pain soit dans leurs boutiques, ou au marchez qu
« ne soit marqué d'une marque qui en fasse connaître le véritable poids. »

(Delamarre, *Traité de la police*, Paris; 1722, tome 2, p. 247, 248, 262.)

Ce régime de liberté, avec garantie de livraison loyale, dont Paris jouissait dès
commencement du XVII* siècle (18), en ce qui concerne le gros pain, est précisém
celui qui règne aujourd'hui à Londres pour toutes les sortes de pain, et qui n'y a été i
troduit qu'en 1815 (18, 20).

(H). Documents sur le régime de la compensation.

Les principaux actes qui ont réglé le régime de la compensation sont les décrets i
périaux des 27 décembre 1853, 18 janvier et 1" novembre 1854; cinq décrets imp
riaux autorisant 50 millions d'emprunts sous les dates des 18 janvier 1854, 20 janvi
15 mars et 24 octobre 1855, 30 janvier 1856, complétés par la loi du 17 juillet 18
autorisant un emprunt de 40 millions; enfin les ordonnances de M. le préfet de poli
des 8 mars et 27 septembre 1855.

(I). Sur l'opportunité des études soumises au Conseil d'État.

Les conseils qui, à diverses époques, ont eu à émettre leur avis sur la question de
boulangerie, ont souvent exprimé le regret d'être saisis de cette question au moment
la gravité des circonstances ne laissait pas au Gouvernement sa liberté d'action. C'e
pour la première fois peut-être qu'un conseil est appelé à délibérer, en temps d'abo
dance, sur l'organisation de la boulangerie parisienne. Dans ces conditions, le Gouve
nement se trouve parfaitement en mesure de trancher définitivement les questions so
mises au Conseil d'État, et de mettre fin pour l'avenir aux difficultés qui ont impo
jusqu'à ce jour à l'Administration tant de pertes de temps; qui font, d'ailleurs, pes
sur la corporation des boulangers des incertitudes incompatibles avec une bonne org
nisation du personnel.

Il serait à désirer, en outre, qu'une étude approfondie fixât l'opinion du Gouvern
ment sur plusieurs autres questions qui ne sont point soumises au conseil d'État,
par exemple, sur celles que soulève le perfectionnement du régime des petits ateliers (5

(K). Données numériques concernant la fabrication du pain.

Le sac de farine contient un poids net de 157 kilogrammes; on en obtient un poi
de pain qui varie, selon la qualité de la farine et la nature du travail, de 200 à 212 kil
grammes; on admet, dans les calculs de ce rapport, un rendement moyen de 208 kilo
grammes ou de 132,5 pour 100 de farine. Le calcul de la taxe admet un rendeme

de 204 kilogrammes ou de 130,0 pour 100 kilogrammes de farine. Enfin les meuniers, dans le calcul des marchés à cuisson (V), admettent un rendement de 200 kilogrammes ou de 127,38 pour 100 de farine.

D'un autre côté, on admet comme données moyennes, dans les calculs de ce rapport, que 100 de blé rendent 68 de farine de première qualité, propre à la consommation parisienne; que l'hectolitre de blé pèse 75 kilogrammes; qu'en conséquence, pour produire le sac de farine, il faut 230^k,9 ou 3^h,08 de blé.

On peut dès lors admettre dans les calculs généraux, où l'on apprécie les causes et les conséquences des variations survenues dans le prix du pain, qu'un accroissement de prix d'un centime par kilogramme de cette denrée, équivaut à, 0^f,68 par hectolitre de blé, à 0^f,90 par quintal de blé, et à 2^f,08 par sac de farine; ce même accroissement équivaut, en nombre rond, à 3 millions de francs sur la consommation annuelle du département de la Seine (6).

L'augmentation de poids qui se manifeste dans la panification est due à l'absorption d'une quantité d'eau considérable, qui masque complétement la légère perte de poids que la fermentation fait éprouver à la substance alimentaire. C'est ainsi que pour 1,00 de matière alimentaire sèche, l'analyse signale les proportions d'eau indiquées ci-après :

.Dans la farine de bonne qualité........ 0,20
Dans le pain fabriqué avec un rendement de 132,5....... 0,59
Dans la pâte préparée pour la cuisson................. 0,84

Il n'est pas inutile de constater que le dosage comparatif de l'eau dans la farine et dans le pain est le moyen le plus précis et le plus simple auquel on puisse recourir pour trancher la question du rendement, qui a donné lieu à tant de débats et à tant d'expériences inutiles.

(L). *Avenir prévu pour le régime de la compensation.*

« Il est hors de doute que si la compensation s'établit d'une manière durable dans « Paris et la banlieue, la mesure, dont les immenses avantages se feront d'autant plus « promptement sentir qu'ils ne seront balancés par aucune dépense, s'étendra bientôt « dans les départements voisins et dans toute la France. Dès lors, plus de spéculation « sur des différences de taxe qui auront disparu. » (Mémoire sur la compensation des prix extrêmes du pain à Paris, par M. le préfet de la Seine, p. 14 — Paris, 1853.)

(M). *Mention de quelques travaux concernant la réforme de la boulangerie.*

On peut prendre une idée plus complète des travaux de l'auteur en consultant les publications suivantes, comprises dans le dossier communiqué au conseil d'État :

Création de la caisse des céréales, exposé et suite, juillet et octobre 1856; — création de 16 grandes panifications à Paris et dans la banlieue (sans date); — exposé-projet, mai 1857; — sur la question meunerie-boulangerie, octobre 1857.

10

(N). *Lois anglaises sur le commerce des céréales et du pain.*

Les lois, signalées dans ce rapport, qui règlent dans le Royaume-Uni l'état actuel du commerce de la boulangerie et du commerce des grains, sont les suivantes :

53 George III, c. 116 (10 juillet 1813);
55 George III, c. 99 (12 juillet 1815);
3 George IV, c. 106 (22 juillet 1822);
6 et 7 Guillaume IV, c. 37 (28 juillet 1836);
1 et 2 Victoria, c. 28 (4 juillet 1838);
9 et 10 Victoria, c. 22 (26 juin 1846).

La loi du 22 juillet 1822, qui forme aujourd'hui la charte de la boulangerie de Londres, a pour titre :

« Loi abrogeant celles qui régissent maintenant la vente du pain dans la cité de Lon-
« dres avec ses libertés, dans les localités que comprennent les tableaux hebdomadaires
« de mortalité et dans celles qui s'étendent jusqu'à 10 milles de la Bourse royale; et éta-
« blissant de nouveaux règlements pour la fabrication et la vente du pain, et pour em-
« pêcher, dans les limites ci-dessus indiquées, la falsification des farines et du pain. »

(O). *Sur la taxe du pain à Londres, en 1813.*

Pour l'intelligence de la taxe de Londres de 1813, et pour les comparaisons à établir avec la taxe parisienne, il faut d'abord constater le rapport des unités anglaises avec les unités métriques, puis avoir égard aux autres données consignées ci-après.

Le froment se mesure au quarter de $2^h,908$;
La farine de froment, au sack de $126^k,5$;
Le pain, à la livre (avoir du poids) de $0^k,453$;
Le shilling (sh.) de 12 pences (d.) vaut $1^f 25$.

Le pain de 1re qualité, dit *wheaten bread*, était taxé à raison d'un rendement de 413 livres par quarter, ou de $347^l,5$ par sack.

Le pain de 2me qualité, dit *standard wheaten bread* ou pain normal, était taxé sur un rendement de 434 livres par quarter, ou de $347^l,5$ par sack.

Le pain de 3me qualité, dit *household bread* ou pain de ménage, était taxé à raison de 468 livres par quarter, ou de $347^l,5$ par sack.

Pour les trois sortes, 100 parties de farine donnaient donc, dans le système de la taxe de Londres, un rendement en pain de 124,4; et, si l'on admet pour l'hectolitre de blé un poids moyen de 75 kilog. (K), ces trois sortes de farines devaient correspondre aux taux de blutage (R) indiqués ci-après :

Farine de 1re qualité............................ 0,678
—— de 2e ——............................ 0,712
—— de 3e ——............................ 0,768

La première qualité était donc identique avec celle de Paris, et la 3e qualité correspondait à péu près à la farine réglementaire, recommandée par le conseil municipal de Paris (10).

Quant à la somme allouée au boulanger pour frais et bénéfices, elle a subi, dans le Royaume-Uni, de nombreuses modifications qui eurent surtout pour objet de tenir l'allocation en rapport avec le cours des monnaies. En 1277, la somme allouée par quarter de froment montait à 2 shillings ; et se décomposait comme suit :

Four et bois.............................	$0^{sh}\,6^d$
Le meunier.............................	0 4
2 ouvriers et 2 apprentis.................	0 5
Sel, ferment, chandelle, liens de sacs, etc....	0 2
Le boulanger, sa femme, son chien et son chat...	0 7
Total.....................	2 0

Dans le tarif de 1813, les allocations relatives aux trois sortes de pain étaient établies ainsi qu'il suit :

	Par quarter de froment.	Par sack de farine.
Pain de 1ʳᵉ qualité...............	$15^{sh}\,10^d$	$13^{sh}\,4^b$
—— de 2ᵉ qualité..............	16 8	13 4
—— de 3ᵉ qualité..............	18 0	13 4

Si l'on admet que le rendement réel du pain s'élevait, comme à Paris, à 132,5 pour 100 de farine, et que le prix moyen du kilogr. de pain, à Londres, fût de $0^f\,40$, l'allocation totale faite aux boulangers par quintal de farine montait à $16^f\,10$ environ, savoir :

Allocation de la taxe..................	$13^f\,18$
Supplément pour excédant de rendement de $8^k,1$ à $0^f\,40$......	3 24
—————— de bénéfice sur le pain de luxe (supposé égal à celui des boulangers parisiens)........................	1 75
Total............................	18 17

Le prélèvement des boulangers de Londres montait donc, en 1813, à $0^f\,14$ par kilog. de pain ; il était double de celui qui est attribué maintenant au boulanger parisien (E). Ce rapprochement indique suffisamment qu'il ne faut guère chercher à améliorer le régime de la boulangerie parisienne en inquiétant sans cesse les boulangers, au sujet du prélèvement que le régime de corporation permet seul de réduire à un taux aussi modique. Dans le régime anglais de 1813, la taxe ne pouvait que consacrer les frais excessifs résultant de la multiplication exagérée des établissements : on comprend donc que la suppression de cette taxe ait été acceptée comme un bienfait.

(P). *Sur une tendance de l'ancien régime de la boulangerie française.*

C'est ainsi que, sans proscrire formellement l'introduction des nouveaux pains de luxe, l'administration de la police s'appliquait à en restreindre la consommation : elle ne per-

mettait pas, par exemple, que ces pains fussent étalés dans les boutiques, ainsi que
constate le passage suivant de l'ordonnance du Châtelet, en date du 30 mars 1635 :

« Pourront, néanmoins, faire du pain mollet, façon de Gonesse, et d'autres sorte
« pour la commodité de ceux qui en voudront user; lesquels ils ne pourront exposer e
« leurs étalages; ains le mettront à leur arrière-boutique ou en tel lieu qu'il ne soit e
« vue, à peine de quatre cents livres parisis d'amende, et de plus grande peine, s'il
« échet. »

Une ordonnance du Châtelet, du 1er juillet 1645, ne permet aux boulangers de livrer
chez leurs pratiques, ces nouveaux pains que sous la condition qu'ils seront transporté
couverts, dès six heures du matin.

(Q). *Sur l'économie à obtenir par le changement du taux de blutage.*

En admettant sur les prix et les proportions relatives de la mouture les données con
signées dans la note (Y), on trouve que, pour établir un taux de blutage de 75 p. o/o
il faudrait réunir à 68 de farine de 1re qualité, 7 de farine de 2e qualité, valant, à poid
égal, 0,82 du prix de la 1re qualité. Il en résulte que, dans les mêmes conditions où le
quintal de farine (1re qualité) vaudrait 1,00, le quintal du mélange correspondant à un
blutage de 75, vaudrait 0,98.

Or, les prix moyens du quintal de farine, dans les dernières années d'abondance e
de disette, ayant été respectivement cotés à 30 fr. et à 58 fr. (Y), la farine à 75 p. o/o
aurait présenté, par quintal, les diminutions de prix indiquées ci-après :

$$
\begin{aligned}
&\text{En temps d'abondance} \dots\dots\dots\dots \quad 0^f 60 \\
&\text{———— de disette} \dots\dots\dots\dots\dots \quad 1 \ 16
\end{aligned}
$$

D'un autre côté, le quintal de farine rendant en pain $132^k,5$ (K), cette diminution
équivaut, dans les mêmes conditions, à $0^f,004$ et à $0^f,009$.

(R). *Sur les produits de la mouture.*

Les deux parties du grain de blé se comportent très-différemment sous l'action de la
meule. La pellicule jaune extérieure, qui produit le son, se déchire en larges écaillés
et ne donne qu'une faible proportion de particules ténues. La partie centrale, qui produit la farine, se désagrége, au contraire, en particules ténues dont les plus fines se
nomment *fleur de farine*, et les plus grosses, *graaux*. Des circonstances analogues se
produisent quand on soumet les gruaux, toujours mélangés d'un peu de son, à une
nouvelle série de moutures. Tous ces produits, mélangés à la sortie des meules, sont
classés, par l'action de tamis ou blutoirs, en poudres dont la qualité croît avec le degré de
ténuité. Ce classement des produits de la mouture constitue le *blutage*. On nomme, dans
ce rapport, *taux de blutage* le poids de matière fine ou de farine extraite de cent parties
de blé pour fabriquer le pain. Dans le régime parisien, la farine destinée à la fabrication du pain de première qualité est blutée au taux de 68 pour cent environ : le surplus
sert à préparer les farines inférieures et les *issues* désignées sous le nom de *remoulages*
et de *sons* (Y).

Les gruaux, nommés par quelques praticiens *farines gruauleuses*, forment, comme on le voit, un produit intermédiaire de la mouture. Il ne faut pas les confondre avec un produit définitif obtenu par une élaboration toute spéciale opérée sur certains froments de choix, servant à fabriquer les pains de luxe, dits de *gruau* (F).

Le gruau de luxe vendu à chaque halle vaut moyennement 1,48, lorsque le prix moyen des farines de 1re qualité est représenté par 1,00. L'administration de la caisse de service évalue approximativement à 40 sacs la consommation journalière du gruau à Paris, ce qui équivaut, pour chacune des 601 boulangeries, à 0',07. Ce supplément a porté à une moyenne de 4 sacs la quantité de farine élaborée, en 1856, par chaque boulangerie (6).

(S). Sur la préparation des levains et des pâtes.

La fabrication des levains présente, à Paris comme dans toutes les autres localités, des nuances presque infinies en rapport avec l'école de boulangerie d'où les ouvriers sont sortis, la nature du pain fabriqué, le goût des consommateurs, les dimensions du four, les conditions météorologiques, etc.

Voici, par exemple, le détail des manipulations observées, en décembre 1857, dans une fabrication où j'ai cherché à constater les proportions de matières employées.

10^h (soir). On prend sur la masse de pâte en élaboration 5^k,8 de pâte destinée à faire la souche des levains de la journée suivante; cette prise, désignée sous le nom de *levain chef*, est mise de côté dans un lieu tenu, autant que possible, à la température de 20° centigrades.

4^h (matin). On prépare le *levain de première* en pétrissant le levain chef avec eau 4^k,9 et farine 9^k,0, puis on le laisse en repos.

1 1/2^h (soir). On prépare le *levain de seconde* en pétrissant le levain de première avec eau 16^k,0 et farine 30^k,2, puis on le laisse en repos.

3 1/2^h (soir). On prépare le *levain de tous points* en pétrissant le levain de seconde avec eau 32^k,2, farine 60^k,3 et ferment 0^k,2, puis on le laisse en repos.

5 1/2^h (soir). Enfin on prépare la *pâte de la 1re fournée* en pétrissant le levain de tous points avec eau 51^k,0, farine 95^k,8, ferment 0^k,3 et sel 1^k,5. On obtient ainsi 307^k,2 de pâte que l'on partage en deux parties à peu près égales, dont l'une est façonnée en pains pour être mise au four peu de temps après, et dont l'autre sert de levain pour la *pâte de la 2e fournée*. Pour préparer cette dernière, on ajoute au levain les quantités de farine, d'eau et de sel nécessaires pour reconstituer une pâte identique à celle de la 1re fournée, et l'on continue ainsi de manière à compléter un nombre de fournées qui varie ordinairement de six à douze.

La force de fermentation des levains diminue à mesure que la nuit s'avance, et la proportion de pâte, laissée pour le levain de la fournée suivante, va, par ce motif, en augmentant. Après la dernière fournée, où s'élabore la totalité du dernier levain converti en pâte, il ne reste plus, dans le fournil, que le *levain chef*, pris à dix heures du soir sur la pâte de la troisième ou de la quatrième fournée.

Le tableau suivant résume les principales circonstances de ces manipulations préparatoires, destinées à produire, en deux fournées, environ 264 kilog. de pain :

DÉSIGNATION DES MANIPULATIONS.	ÉLÉMENTS DES LEVAINS ET DE LA PÂTE				TOTAL.
	FARINE.	EAU.	SEL.	FERMENT.	
10^h (soir). Prise du levain chef..........	$3^k 8$	$2^k 0$	$''$	$''$	$5^k 8$
$4^h \frac{1}{2}$ (matin). Façon du levain de première : addition de......................	9 0	4 9	$''$	$''$	13 9
$1^h \frac{1}{2}$ (soir). Façon du levain de seconde : addition de......................	30 2	10 0	$''$	$''$	46 2
$3^h \frac{1}{2}$ (soir). Façon du levain de tous points : addition de......................	60 3	32 2	$''$	$0^k 2$	92 7
$5^h \frac{1}{2}$ (soir.) Façon de la pâte de première fournée : addition de...............	95 8	51 0	$1^k 5$	0 3	148 6
Totaux......................	199 1	106 1	1 5	0 5	307 2

(T). *Sur le déchet de mouture.*

La perte d'un demi pour cent, admise dans ce calcul par l'auteur du nouveau procédé de panification (24), paraît être inférieure à celle que les meuniers les plus soigneux subissent dans l'élaboration des froments les plus purs. Les blés du commerce donnent en moyenne une perte plus grande lorsqu'on les soumet seulement au nettoyage, pour en extraire les substances mécaniquement mélangées. La perte de trois pour cent, que j'ai admise dans les données générales de la note (Y), sur la déclaration de plusieurs personnes compétentes, semble, au contraire, devoir être considérée comme étant plus voisine du maximum que de la moyenne. Cette donnée est l'une de celles qui varient le plus au milieu des assertions suggérées, en ces matières, par l'opposition des intérêts.

(U). *Sur la réduction des frais de panification et de vente.*

En partant des données consignées dans la note (E), en ce qui concerne les frais actuels de panification et de vente, dans le régime des petits ateliers, j'ai toujours trouvé, en admettant d'ailleurs les résultats annoncés par les personnes qui recommandent l'emploi des grandes usines, que l'économie à réaliser dans ces dernières ne pouvait guère s'élever au-dessus des chiffres consignés ci-après :

	Frais actuels.	Économie à obtenir.
Main-d'œuvre..........................	$0^f 021$	$0^f 008$
Combustible..........................	0 006	0 001
Frais divers..........................	0 020	0 004
Rétribution et bénéfices du fabricant-marchand...	0 021	0 002
	0 068	0 015

Ce sont surtout les difficultés de la vente en détail et du transport du pain (38), qui semblent s'opposer à une réduction plus considérable des frais actuels de la boulangerie. C'est à cette cause qu'il faut surtout attribuer l'insuccès des tentatives faites jusqu'à ce jour pour établir de grands ateliers (21).

(V). *Sur les marchés à cuisson.*

Les renseignements ci-après constatés, pour le mois d'octobre 1857, par l'administration de la caisse de la boulangerie, signalent les principaux faits qui se rapportent aux marchés à cuisson contractés à Paris et dans la banlieue.

Les quantités de farines achetées se subdivisent comme suit :

LIEU DE CONSOMMATION.	QUANTITÉS DE FARINES VENDUES			PROPORTION RELATIVE des farines vendues à cuisson.
	À PRIX DÉBATTU.	À CUISSON.	TOTALES.	
Paris.....................	5,298,583ᵏ	5,793,828ᵏ	11,092,411ᵏ	0,52
Banlieue...............	3,750,543	3,839,702	7,590,245	0,51
Totaux.........	9,049,126	9,633,530	18,682,656	0,52

Les boulangers de Paris ont pris part à ces deux sortes de marchés, dans les proportions indiquées par le tableau suivant :

LIEUX où LES BOULANGERS sont établis.	BOULANGERS ACHÉTANT à prix débattu la totalité de leur approvisionnement.	BOULANGERS ACHETANT À CUISSON			NOMBRE TOTAL de boulangers exerçant pendant le mois d'octobre 1857.
		MOINS de la moitié de leur approvisionnement.	PLUS de la moitié de leur approvisionnement.	LA TOTALITÉ de leur approvisionnement.	
Paris...............	112	146	262	78	598
Banlieue...........	132	110	182	84	514
Totaux.........	244	262	444	162	1,112

Les achats à prix débattu sont plus nombreux dans la banlieue qu'à Paris ; cette circonstance ne doit pas être attribuée à ce que les boulangers de la banlieue ont plus de discernement et d'initiative que leurs confrères de Paris ; elle tient à ce qu'ils inspirent moins de confiance aux meuniers.

Pour signaler les motifs qui conduisent la majeure partie des boulangers parisiens à contracter des marchés à cuisson, j'établirai par un exemple la répartition qui a lieu, dans un marché de ce genre, sur la recette brute du boulanger, entre le boulanger, le meunier et la caisse de service.

Si l'on suppose que la taxe du pain soit fixée à 0 fr. 40 cent. ; que la caisse de service prélève 0 fr. 03 cent. par kilogramme ; qu'enfin, l'indemnité de cuisson convenue entre le meunier et le boulanger s'élève à 5 fr. 80 cent., par quintal de farine, les trois parties prélèveront les sommes indiquées ci-après :

Le meunier : la valeur de 127ᵏ,38 de pain à 0ᶠ 37, diminuée de
l'indemnité de 5ᶠ 80, soit....................................... 41ᶠ 33
La caisse de service : 0ᶠ 03 sur 130ᵏ de pain............... 3 90
Le boulanger : le complément de la recette brute............ 7 77

TOTAL ÉGAL à la recette brute produite par la vente
de 132ᵏ,5, à 0ᶠ 40...................... 53 00

Si, dans les mêmes conditions, on admet que la compensation s'opère au profit du consommateur, la répartition s'opérera ainsi qu'il suit :

Le meunier : la valeur de 127ᵏ,38 de pain, à 0ᶠ 43, diminuée
de l'indemnité de 5ᶠ 80, soit............................ 48ᶠ 97
Le boulanger : le complément des deux recettes brutes....... 7 93

TOTAL ÉGAL aux deux recettes :

Vente de 132ᵏ,5 de pain, à 0ᶠ 40........... 53ᶠ 00 ⎱
Subvention fournie par la caisse de service.... 3 90 ⎰ 56 90

Dans les mêmes conditions, la répartition s'effectue ainsi qu'il suit, pour les ventes à prix débattu, que l'on suppose conclues aux prix moyens d'après lesquels la taxe est établie :

1° COMPENSATION ÉTABLIE AU DÉTRIMENT DU CONSOMMATEUR.

Le meunier... 41ᶠ 10
La caisse de service................................... 3 90
Le boulanger... 8 00

TOTAL ÉGAL à la recette brute.............. 53 00

2° COMPENSATION ÉTABLIE EN FAVEUR DU CONSOMMATEUR.

Le meunier... 48ᶠ 90
Le boulanger... 8 00

TOTAL ÉGAL aux deux recettes.............. 56 90

Les relevés faits par la caisse de service de la boulangerie constatent que les indemnités de cuisson ont varié : en 1856, de 5ᶠ,73 à 6ᶠ,03 ; en 1857, de 5ᶠ,98 à 6ᶠ,15. Le taux de ces indemnités s'élève dès que le prix des farines varie en baisse, et cette circonstance est le meilleur indice sur lequel on puisse se fonder pour établir que les marchés à cuisson sont bien en rapport avec le prix des farines.

(W). Sur le nombre des meuniers concourant à l'approvisionnement de Paris.

Les défenseurs de l'organisation actuelle se plaisent à citer le relevé du nombre des meuniers qui concourent chaque année à l'approvisionnement de Paris. Ce nombre, pour l'année 1855, s'est élevé à 459, savoir :

Meuniers de Seine-et-Oise	145	Meuniers de l'Aisne		8
—— d'Eure et-Loir	68	—— de la Somme		7
—— de Seine-et-Marne	63	—— du Nord		5
—— de l'Oise	49	—— de la Gironde		5
—— de la Seine	20	—— de 10 départem" (C. et N.)		21
—— de l'Aube	15	—— de 6 départem" (E. et S. E.)		8
—— de l'Eure	14	—— de 4 départem" (O. et S. O.)		7
—— du Loiret	13	—— de la Belgique		1
—— de la Sarthe	10	Total		459

Les opposants objectent que l'intervention de la plupart de ces meuniers est purement accidentelle, même en temps de cherté; qu'en fait, les cinq maisons auxquelles ils adressent surtout le reproche de monopole, concourent pour plus du tiers à l'approvisionnement de Paris. Cependant, alors même qu'on admettrait, à cet égard, les chiffres indiqués par ces opposants, on trouverait encore, dans l'organisation actuelle, les éléments d'une concurrence efficace (43).

(X). *Sur l'organisation du personnel de la boulangerie.*

L'administration de la police, ayant constaté les inconvénients qui résultent de la progression incessante du nombre des mutations, a pensé qu'il était temps de mettre un frein à cette sorte d'agiotage, en faisant revivre les anciens règlements, qui exigent certaines garanties de la part des cessionnaires et des acquéreurs de fonds de boulangerie. Elle a remis en vigueur l'article 8 de l'arrêté de 1801, qui enjoint aux boulangers de ne quitter la profession que six mois après en avoir fait la déclaration : c'est ainsi que sur 170 demandes, on a seulement autorisé, en 1857, 105 mutations. Il est à présumer qu'une répression efficace de cette déplorable instabilité ne pourrait être opérée que par la réforme du tarif réglementaire de la corporation (C).

Le personnel d'un fournil de moyenne importance comprend ordinairement trois ouvriers. Le service de la vente, depuis que la livraison au poids est imposée aux boulangers, exige trois personnes, soit, dans la plupart des cas, le patron, sa femme, un autre membre de la famille ou une domestique, secondées par deux porteuses de pain. Dans l'organisation actuelle de la boulangerie, la partie la plus nombreuse et la plus intelligente du personnel, s'applique donc exclusivement à la vente des produits.

L'administration d'une boulangerie présente de sérieuses difficultés. D'une part, pour surveiller convenablement ses ouvriers, le patron doit établir dans la boutique même la communication entre le dehors et le fournil; de l'autre, pour maintenir chez lui l'ordre et les bonnes mœurs, il doit s'appliquer à restreindre, autant que possible, ce contact forcé des ouvriers et de sa famille. C'est ainsi que les maîtres boulangers se trouvent ordinairement conduits à faire élever leurs enfants au dehors; ceux, en petit nombre, qui se proposent de les associer un jour à leur industrie, suivent ce même plan et les initient presque toujours à la pratique des affaires en les attachant momentanément à une autre branche de commerce. En résumé, à l'inverse de ce qui avait lieu dans l'ancien régime (50), les rapports actuels des maîtres et des ouvriers tendent de plus en plus à se restreindre en se fondant, d'ailleurs, sur une méfiance réciproque et sur l'opposition des intérêts.

(Y) CALCUL *des Prélèvements faits sur les céréales par les Meuniers-Négociants, dans le rayon d'approvisionnement de Paris.*

DONNÉES PREMIÈRES — Sur la mouture du froment.

Pour chaque groupe : Rapport des poids pour 1,00 de froment | Rapports des prix à poids égaux | Valeur relative des produits de la mouture.

Groupes : (1) RÉSULTATS D'UNE 1re ENQUÊTE résumant les déclarations les plus modérées des personnes qui réclament la réforme de la meunerie — (2) RÉSULTATS RECTIFIÉS PAR LE MINISTÈRE DU COMMERCE — (3) RÉSULTATS RECTIFIÉS PAR LA PRÉFECTURE DE LA SEINE — (4) RÉSULTATS RECTIFIÉS PAR LA PRÉFECTURE DE POLICE — (5) RÉSULTATS RECTIFIÉS PAR UN MEUNIER NÉGOCIANT EN CÉRÉALES.

ÉLÉMENTS DU CALCUL	(1) poids	(1) prix	(1) valeur	(2) poids	(2) prix	(2) valeur
Farine de 1re qualité	0,68	1,00	0,680	0,68	1,00	[illegible]
— de 2e qualité	0,07	0,82	0,057	0,07	0,82	[illegible]
— de 3e et 4e qualités	0,03	0,66	0,020	0,02	0,64	[illegible]
Remoulages	0,05	0,40	0,020	0,05	0,35	[illegible]
Sons divers et criblures	0,14	0,32	0,045	0,16	0,27	[illegible]
Perte au nettoyage et à la mouture	0,03	»	»	0,02	»	»
TOTAUX	1,00	«	0,822	1,00	»	[illegible]

ÉLÉMENTS DU CALCUL	(3) poids	(3) prix	(3) valeur	(4) poids	(4) prix	(4) valeur	(5) poids	(5) prix	(5) valeur
Farine de 1re qualité	0,695	1,000	0,695	0,680	1,00	0,680	0,670	1,00	0,070
— de 2e qualité	0,050	0,861	0,052	0,025	0,77	0,019	0,035	0,81	0,028
— de 3e et 4e qualités	0,025	0,588	0,015	0,045	0,58	0,026	0,040	0,02	0,025
Remoulages	0,040	0,343	0,014	0,050	0,40	0,020	0,065	0,39	0,025
Sons divers et criblures	0,160	0,260	0,041	0,180	0,32	0,057	0,150	0,30	0,045
Perte au nettoyage et à la mouture	0,020	»	»	0,020	»	»	0,040	»	»
TOTAUX	1,000	»	0,817	1,000	»	0,802	1,000	»	0,793

Sur le prix des céréales — Conséquences des données précédentes.

Pour chaque groupe, les colonnes sont les années : 1848 | 1849 | 1855 | 1856.

Groupes (1) RÉSULTATS D'UNE 1re ENQUÊTE et (2) RÉSULTATS RECTIFIÉS PAR LE MINISTÈRE DU COMMERCE :

ÉLÉMENTS DU CALCUL	(1) 1848	(1) 1849	(1) 1855	(1) 1856	(2) 1848	(2) 1849	(2) 1855	(2) 1856
Rapports de la valeur des produits de 100 k. de froment à la valeur de 100 k. de farine (d'après les données précédentes ou les données spéciales recueillies, pour chaque année, par le ministère du commerce)	0,822	0,822	0,822	0,822	0,813	0,809	0,811	[illegible]
Poids moyen de l'hectolitre de froment	75k 09*	76k 74*	74k 11*	75k 08*	75k 09	76k 74	74k 11	[illegible]
Prix moyen de l'hectolitre de froment	15f 60*	15f 54*	31f 70*	31f 69*	15f 60	15f 54	31f 70	[illegible]
— des 100 kilogrammes de froment	20 77*	20 25*	42 77*	41 87*	20 77	20 25	42 77	[illegible]
— des 100 kilogrammes de farine (1re qualité)	30 38*	29 47*	58 31*	57 77*	30 38	29 47	58 31	[illegible]
Calcul de l'écart existant entre les prix des produits de la mouture et du froment								
Prix obtenu par le meunier pour la vente des produits de toute nature provenant de 100 kilogrammes de froment	24 97	24 22	47 03	47 49	24 70	23 34	47 29	[illegible]
Prix payé par le meunier pour 100 kil. de froment	20 77*	20 25*	42 77*	41 87*	20 77	20 25	42 77	[illegible]
DIFFÉRENCE OU ÉCART	4 20	3 97	5 16	5 62	3 93	3 59	4 52	[illegible]
Répartition approximative de l'écart existant entre les prix des produits de la mouture et du froment								
Intérêt à 6 p. 100 du capital nécessaire au meunier acheteur de grains	0f 08	0f 08	0f 16	0f 16	0f 08*	0f 08*	0f 16*	[illegible]
Frais et bénéfices du meunier travaillant à façon	1 60	1 60	1 60	1 60	1 60*	1 60*	1 60*	[illegible]
Transports de toute nature sur le froment, la farine et les issues	0 80	0 80	0 80	0 80	0 80*	0 80*	0 80*	[illegible]
Frais et bénéfices du négociant en céréales	1 72	1 49	2 60	3 06	1 43	1 11	1 96	[illegible]
TOTAL égal à l'écart	4 20	3 97	5 10	5 62	3 93	3 59	4 52	[illegible]

Groupes (3) PRÉFECTURE DE LA SEINE, (4) PRÉFECTURE DE POLICE, (5) UN MEUNIER NÉGOCIANT EN CÉRÉALES :

ÉLÉMENTS DU CALCUL	(3) 1848	(3) 1849	(3) 1855	(3) 1856	(4) 1848	(4) 1849	(4) 1855	(4) 1856	(5) 1848	(5) 1849	(5) 1855	(5) 1856
Rapports de la valeur des produits de 100 k. de froment à la valeur de 100 k. de farine	0,817	0,817	0,814	0,820	0,802	0,802	0,802	0,802	0,793	0,793	0,793	0,793
Poids moyen de l'hectolitre de froment	75k 09*	76k 74*	74k 11*	75k 68*	75k 09*	76k 74*	74 11*	75k 68*	75k 09*	76k 74*	74k 11*	75k 68*
Prix moyen de l'hectolitre de froment	15f 60*	15f 34*	31f 70*	31f 69*	15f 60*	15f 54*	31 70*	31f 69*	15f 60*	15f 54*	31f 70*	31f 69*
— des 100 kilogrammes de froment	20 77*	20 25*	42 15	41 65	21 77	21 25	43 77	42 87	20 77*	20 25*	42 77*	41 87*
— des 100 kilogrammes de farine (1re qualité)	30 38*	29 47*	58 31*	57 77*	30 38*	29 47*	58 31*	57 77*	30 38*	29 47*	58 31*	57 77*
Prix obtenu par le meunier pour la vente des produits de toute nature provenant de 100 kilogrammes de froment	24 82	24 08	47 46	47 37	24 36	23 63	46 75	46 33	24 09	23 37	46 24	45 81
Prix payé par le meunier pour 100 kil. de froment	20 77*	20 25*	42 15	41 65	21 77	21 25	43 77	42 87	20 77*	20 25*	42 77*	41 87*
DIFFÉRENCE OU ÉCART	4 05	3 83	5 31	5 72	2 59	2 38	2 99	3 46	3 32	3 12	3 47	3 94
Intérêt à 6 p. 100 du capital nécessaire au meunier acheteur de grains	0f 10	0f 10	0f 21	0f 21	0f 08	0f 08	0f 10	0f 10	0f 31	0f 30	0f 64	0f 63
Frais et bénéfices du meunier travaillant à façon	1 40	1 40	1 40	1 40	1 60	1 60	1 60	1 60	2 00	2 00	2 00	2 00
Transports de toute nature sur le froment, la farine et les issues	0 50	0 50	0 50	0 50	0 80	0 80	0 80	0 80	1 25	1 25	1 25	1 25
Frais et bénéfices du négociant en céréales	2 03	1 83	3 20	3 61	+0 11	-0 10	+0 43	+0 90	-0 24	-0 43	[illegible]	+0,06
TOTAL égal à l'écart	4 05	3 83	5 31	5 72	2 59	2 38	2 90	3 46	3 32	3 12	3 47	3 94

OBSERVATIONS.

Les chiffres consignés dans la 1re colonne sont ceux que le Conseil d'État rapporte à eux pouvoir admettre comme première base de l'enquête; il les a déduits des déclarations les plus modérées émanant de personnes qui réclament la réforme du régime actuel de la meunerie et de la boulangerie.

Les chiffres consignés dans les 8 colonnes suivantes offrent la rectification de cette première esquisse par le ministère du commerce, par les préfectures de la police et de la Seine et par un meunier expérimenté.

Les personnes qui nient le prélèvement exagéré que l'on attribue aux meuniers remarquent, en outre, que les calculs fondés sur les mercuriales officielles impliquent toujours, en pareille matière, de graves erreurs. Ainsi, elles prétendent que les blés vendus sur les marchés où se constatent les prix officiels, se composent de sortes inférieures absorbées par la consommation locale et de sortes supérieures destinées à l'approvisionnement de Paris, et auxquelles seulement s'appliquent les rendements de mouture consignés dans le présent tableau. Ils en concluent que les meuniers qui alimentent Paris payent le blé un prix supérieur à celui des mercuriales, et qu'en conséquence l'écart réel est au-dessous de ceux qui y sont mentionnés. C'est ainsi, par exemple, que dans la rectification émanant de la préfecture de police on admet que cet excédent de prix s'élève moyennement à 1 franc par 100 kilog.

Les chiffres marqués d'un astérisque (*) ont été admis, sans approbation, par les auteurs à défaut d'informations personnelles.